어휘로 채우는 속담 따라쓰기

위즈덤팩토리 저

북핀

머리말

　왜 우리는 속담을 공부해야 할까요?

그에 대한 답을 얻으려면 먼저 속담이란 무엇인지 알아야겠지요. 속담은 예로부터 전해져 내려오는 조상들의 지혜가 담겨 있는 표현이에요. 풍부한 어휘와 비유를 담은 재치 있는 표현으로 우리에게 삶의 교훈을 일깨워주지요. 대부분 짧은 문장의 모습을 하는 속담은 길게 설명해야 하는 상황이나 설명하기 복잡한 상황을 간결하게 표현할 수 있어 효과적이랍니다. 짧은 한 문장으로 모든 게 가능하다니, 마치 전쟁터에서 홀몸으로 수많은 적을 모두 상대하는 일당백의 장수같이 느껴지지 않나요? 그렇다면 속담을 친구들의 비장의 무기라 불러도 과언이 아닐 거예요. 친구들의 가슴 속에 무기 하나씩 쟁여놓기 위해 속담을 배우는 것이지요.

　그렇다면 속담은 어떻게 공부해야 할까요?

속담의 장점은 재치 있는 표현이에요. 고래 싸움에 등 터진다, 뛰어야 벼룩, 번갯불에 콩 볶아먹겠다, 될성부른 나무는 떡잎부터 알아본다 등 보고 듣기만 해도 재미있는 표현들로 만들어진 속담이 한 가득이에요. 재치 있는 표현 속 신기한 어휘들도 한 아름이지요.

예를 들어, '될성부른 나무는 떡잎부터 알아본다.'라는 속담이 있어요. 이 속담에서 '될성부르다'와 '떡잎'은 무슨 뜻일까요? '될성부르다'란 잘 될 가망성이 있어 보인다는 뜻이에요. '떡잎'은 씨앗이 싹이 틀 때 제일 처음 나오는 잎을 말하고요. 그렇다면 이 속담은 '가망성이 있는 나무는 첫 잎부터 다르다', 즉 '크게 될 사람은 어릴 적부터 남다르다'라는 뜻이 되지요. 이처럼 속담을 제대로 이해하고 공부하려면 어휘를 정확히 알아야 해요.

　그래서 〈어휘로 채우는 속담 따라쓰기〉는 친구들의 어휘 공부에 중점을 뒀답니다. 속담의 뜻을 정확하게 공부한 후 함께 쓸 수 있는 속담과 속담에 나오는 어휘의 뜻을 읽으면 속담을 이해하기가 더욱 쉬워요. 원고지 쓰기에 맞춰 속담을 따라 쓰면 올바른 맞춤법을 배우고 바른 글씨체까지 얻을 수 있지요. 한 단원이 끝난 후 부담 없는 속담 퀴즈로 한 번 더 갈무리하면 친구들의 머릿속에서 속담이 잊히지 않을 거예요.

　자, 이제 우리 마음속에 비장의 무기를 담으러 함께 출발해 볼까요?

어휘로
채우는 **속담**
따라쓰기

어휘로 채우는 속담 따라쓰기

1판 1쇄 펴냄 2017년 1월 5일

지은이 위즈덤팩토리
펴낸이 정현순
디자인 디자인모노피.주

펴낸곳 ㈜북핀
등 록 제2016-000041호(2016. 6. 3)
주 소 서울시 광진구 천호대로 572, 5층 505호
전 화 070-4242-0525
팩 스 02-6969-9737

ISBN 979-11-87616-05-4 64710
　　　　979-11-958238-7-1 64710 (세트)

가격 10,000원

목차

 1장 재치있는 아이로 만들어주는 속담

 2장 슬기로운 아이로 이끌어주는 속담

목차

 3장 똑소리 나는 아이로 발전시켜 주는 속담

 4장 생각하는 아이로 일깨워주는 속담

 5장 극복하는 아이로 거듭나게 해주는 속담

이 책의 활용법

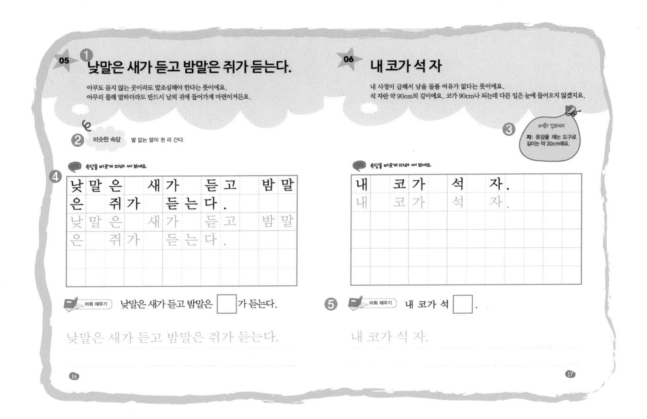

① 그날 배울 속담을 알 수 있어요. 속담의 뜻과 간단한 설명으로 확실하게 학습할 수 있어요.

② 뜻이 같아 함께 쓸 수 있는 속담을 소개했어요. 어투가 다를 뿐인 '같은 속담'과 표현하는 법이 다른 '비슷한 속담'으로 나누었어요.

③ 친구들이 모를 수 있는 낯선 어휘를 간단히 설명하고 있어요. 꾸러미 속의 어휘를 하나하나 꼭꼭 씹어 친구들의 어휘로 만들어 보세요.

④ 속담을 원고지에 따라 써 보세요. 연필을 쥐고 직접 쓰면서 손으로 속담을 체득하면 올바른 맞춤법을 익히고 바른 글씨체를 가질 수 있답니다.

⑤ 속담의 빈칸을 채워 보세요. 배운 속담을 보지 않고도 빈칸을 알맞게 채울 수 있다면 오늘 배운 속담은 확실하게 친구들 것이 된 거랍니다.

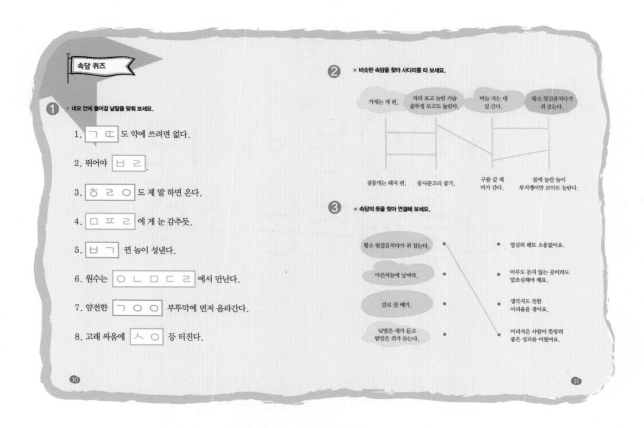

속담 퀴즈

1 ★ 네모 안에 들어갈 낱말을 맞춰 보세요.

1. ㄱㄸ 도 약에 쓰려면 없다.

2. 뛰어야 ㅂㄹ.

3. ㅎㄹㅇ 도 제 말 하면 온다.

4. ㅁㅍㄹ 에 게 눈 감추듯.

5. ㅂㄱ 뀐 놈이 성낸다.

6. 원수는 ㅇㄴㅁㄹ 에서 만난다.

7. 얌전한 ㄱㅇㅇ 부뚜막에 먼저 올라간다.

8. 고래 싸움에 ㅅㅇ 등 터진다.

2 ★ 비슷한 속담을 찾아 사다리를 타 보세요.

가재는 게 편. / 자라 보고 놀란 가슴 솥뚜껑 보고도 놀란다. / 바늘 가는 데 실 간다. / 황소 뒷걸음치다가 쥐 잡는다.

검둥개는 돼지 편. / 봉사 문고리 잡기. / 구름 갈 제 비가 간다. / 불에 놀란 놈이 부지깽이만 보아도 놀란다.

3 ★ 속담의 뜻을 찾아 연결해 보세요.

황소 뒷걸음치다가 쥐 잡는다. • • 열심히 해도 소용없어요.

마른하늘에 날벼락. • • 아무도 듣지 않는 곳이라도 말조심해야 해요.

칼로 물 베기. • • 생각지도 못한 어려움을 겪어요.

낮말은 새가 듣고 밤말은 쥐가 듣는다. • • 어리석은 사람이 뜻밖의 좋은 성과를 이뤘어요.

30

31

❶ 네모 안의 초성을 보고 속담에 어울리는 낱말로 바꾸어 말해 보세요. 또는 친구들 마음대로 초성에 걸맞는 다른 단어를 넣어 재미있게 바꾸어 보아도 좋겠지요.

❷ 사다리를 타고 내려가 비슷한 속담을 찾아보세요. 사다리만 탔는데 속담을 한 개씩 더 알 수 있답니다.

❸ 속담의 뜻을 찾아 연결해 보세요. 마음대로 선을 그려 보세요. 꾸부렁거리는 선도 좋고 삐죽삐죽 날카로운 선도 좋아요.

1장

재치있는 아이로 만들어주는 속담

1장에서는 여러분의 말을 더욱더 재미있게 만들어주는 속담을 다루고 있어요.
속담을 사용하여 친구들과의 대화에서 재치있는 사람이 되어보세요.
내가 맛있게 먹었던 과자를 친구에게도 주면서 "전에 먹어봤는데 이 과자 정말
맛있더라! 마파람에 게 눈 감추듯 순식간에 다 먹어버렸지 뭐야?"라고 말해보
는 건 어때요? 유머 있고 재치있는 말에 친구들이 놀랄 거예요.

체크 리스트

1. 가재는 게 편 ☐
2. 개똥도 약에 쓰려면 없다 ☐
3. 고래 싸움에 새우 등 터진다 ☐
4. 귀에 걸면 귀걸이 코에 걸면 코걸이 ☐
5. 낮말은 새가 듣고 밤말은 쥐가 듣는다 ☐
6. 내 코가 석 자 ☐
7. 되로 주고 말로 받는다 ☐
8. 뛰어야 벼룩 ☐
9. 마른하늘에 날벼락 ☐
10. 마파람에 게 눈 감추듯 ☐
11. 바늘 가는 데 실 간다 ☐
12. 방귀 뀐 놈이 성낸다 ☐
13. 번갯불에 콩 볶아먹겠다 ☐
14. 얌전한 고양이 부뚜막에 먼저 올라간다 ☐
15. 언 발에 오줌 누기 ☐
16. 원수는 외나무다리에서 만난다 ☐
17. 자라 보고 놀란 가슴 솥뚜껑 보고 놀란다 ☐
18. 칼로 물 베기 ☐
19. 호랑이도 제 말 하면 온다 ☐
20. 황소 뒷걸음치다가 쥐 잡는다 ☐

가재는 게 편

서로 비슷한 것끼리 잘 어울리고 챙겨준다는 뜻이에요.
성격이 비슷하거나 취미가 같은 친구들과 더 많이 놀고 친해지는 것도 마찬가지지요.

비슷한 속담 가재는 게 편이요 초록은 한빛이라.
검둥개는 돼지 편.

 속담을 바르게 따라 써 보세요.

가	재	는		게		편	.			
가	재	는		게		편	.			

어휘 채우기   가재는 ☐ 편.

가재는 게 편.

02

개똥도 약에 쓰려면 없다.

평소에 흔하던 것도 막상 쓰려고 찾으면 없다는 말이에요.
평소 책상에 많이 굴러다니던 지우개가 막상 찾으면 없는 것처럼요.

비슷한 속담 까마귀 똥도 약에 쓰려면 오백 냥이라.
쇠똥도 약에 쓰려면 없다.

💬 **속담을 바르게 따라 써 보세요.**

개	똥	도		약	에		쓰	려	면		없
다	.										
개	똥	도		약	에		쓰	려	면		없
다	.										

📖 **어휘 채우기**   개똥도 ☐ 에 쓰려면 없다.

개똥도 약에 쓰려면 없다.

03 고래 싸움에 새우 등 터진다.

힘센 사람들의 힘겨루기에 약한 사람이 억울하게 피해를 본다는 뜻이에요.
부모님이 싸울 때 친구들에게 괜한 불똥이 튀는 것도 한 예랍니다.

비슷한 속담   두꺼비 싸움에 파리 치인다.

 속담을 바르게 따라 써 보세요.

고	래		싸	움	에		새	우		등
터	진	다	.							
고	래		싸	움	에		새	우		등
터	진	다	.							

어휘 채우기   고래 싸움에 ☐☐ 등 터진다.

고래 싸움에 새우 등 터진다.

04

귀에 걸면 귀걸이 코에 걸면 코걸이.

정해진 원칙 없이 둘러대기에 따라 이렇게도 되고 저렇게도 될 수 있다는 뜻이에요.
어떤 물건이나 대상이 보는 관점에 따라 달라 보일 수 있다는 뜻도 있어요.

💬 속담을 바르게 따라 써 보세요.

귀	에		걸	면		귀	걸	이		코	에	✓
걸	면		코	걸	이	.						
귀	에		걸	면		귀	걸	이		코	에	✓
걸	면		코	걸	이	.						

 어휘 채우기   귀에 걸면 귀걸이 코에 걸면 [ ][ ][ ] .

귀에 걸면 귀걸이 코에 걸면 코걸이.

낮말은 새가 듣고 밤말은 쥐가 듣는다.

아무도 듣지 않는 곳이라도 말조심해야 한다는 뜻이에요.
아무리 몰래 말하더라도 반드시 남의 귀에 들어가게 마련이거든요.

 비슷한 속담   발 없는 말이 천 리 간다.

 속담을 바르게 따라 써 보세요.

낮	말	은		새	가		듣	고		밤	말
은		쥐	가		듣	는	다	.			
낮	말	은		새	가		듣	고		밤	말
은		쥐	가		듣	는	다	.			

어휘 채우기   낮말은 새가 듣고 밤말은 [ ]가 듣는다.

낮말은 새가 듣고 밤말은 쥐가 듣는다.

06 내 코가 석 자

내 사정이 급해서 남을 돌볼 여유가 없다는 뜻이에요.
석 자란 약 90cm의 길이에요. 코가 90cm나 되는데 다른 일은 눈에 들어오지 않겠지요.

어휘 꾸러미

자: 옷감을 재는 도구로 길이는 약 30cm예요.

 속담을 바르게 따라 써 보세요.

내		코	가		석		자.				
내		코	가		석		자.				

어휘 채우기   내 코가 석 [ ].

내 코가 석 자.

07 # 되로 주고 말로 받는다.

조금 주고 더 많이 받는다는 뜻이에요.
하지만 이 속담은 좋은 의미보다는 나쁜 의미로 많이 쓴답니다.
친구를 괴롭혔다가 배로 흠씬 두들겨 맞는 것처럼요.

비슷한 속담　　되 글을 가지고 말 글로 써먹는다.

어휘 꾸러미

되와 말: '되'와 '말'은 곡식, 가루, 액체의 양을 재는 도구예요. 되'의 열 배가 '말'이랍니다.

 속담을 바르게 따라 써 보세요.

되	로		주	고		말	로		받	는	다	.
되	로		주	고		말	로		받	는	다	.

어휘 채우기　　되로 주고 [　] 로 받는다.

되로 주고 말로 받는다.

....

....

08 ⭐

뛰어야 벼룩.

도망쳐봤자 크게 벗어날 수 없다는 뜻이에요.
힘없고 약한 사람이 노력해보아도 큰 성과를 낼 수 없는 모습을 뜻하기도 해요.

비슷한 속담 뛰어 보았자 부처님 손바닥.

💬 속담을 바르게 따라 써 보세요.

뛰	어	야		벼	룩	.			
뛰	어	야		벼	룩	.			

 어휘 채우기   뛰어야 ⬜⬜ .

뛰어야 벼룩.

09 ★ 마른하늘에 날벼락.

생각지 못한 상황에서 겪는 어려움, 재난 등을 뜻해요.
햇빛이 쨍쨍하고 밝은 날에 벼락이 떨어질 거라고는 아무도 생각하지 못할 테니까요.

같은 속담 마른하늘에 생벼락.

 속담을 바르게 따라 써 보세요.

마	른	하	늘	에		날	벼	락	.		
마	른	하	늘	에		날	벼	락	.		

📖 어휘 채우기   마른하늘에 [　][　][　] .

마른하늘에 날벼락.

20

10 ⭐

마파람에 게 눈 감추듯.

음식을 매우 빨리 먹어버리는 모습을 비유한 속담이에요.
마파람이 불어오면 개펄에 있던 게들이 겁을 먹고 구멍 밖에 내밀고 있던 눈을
재빨리 쏙 감추는 것에 비유했어요.

비슷한 속담   번갯불에 콩 볶아먹겠다.

어휘 꾸러미

마파람: 뱃사람들이 즐겨
쓰는 말로 남쪽에서 불어
오는 바람을 뜻해요.

 속담을 바르게 따라 써 보세요.

마	파	람	에		게		눈		감	추	듯	.
마	파	람	에		게		눈		감	추	듯	.

어휘 채우기 | | | | 에 게 눈 감추듯.

마파람에 게 눈 감추듯.

----

11 바늘 가는 데 실 간다.

서로 떨어지지 않고 늘 따라다닐 정도로 매우 가까운 관계를 뜻하는 속담이에요.
바늘과 실이 따로 떨어져 있으면 바느질을 할 수 없어서 언제나 함께 있는 것처럼
말이에요.

비슷한 속담

구름 갈 제 비가 간다.
용 가는 데 구름 간다.

 속담을 바르게 따라 써 보세요.

바	늘		가	는		데		실		간	다	.
바	늘		가	는		데		실		간	다	.

어휘 채우기 바늘 가는 데 [　] 간다.

바늘 가는 데 실 간다.

방귀 뀐 놈이 성낸다.

본인이 잘못을 해놓고 오히려 다른 사람에게 화를 내는 행동을 일컫는 속담이에요.
자기가 방귀를 뀌어놓고 도리어 누가 뀌었냐고 큰소리치는 것처럼 말이지요.

같은 속담   똥 싸고 성낸다.

 속담을 바르게 따라 써 보세요.

방	귀		뀐		놈	이		성	낸	다	.
방	귀		뀐		놈	이		성	낸	다	.

어휘 채우기   방귀 뀐 놈이 [　|　|　] .

방귀 뀐 놈이 성낸다.

- -

- -

13 ★ 번갯불에 콩 볶아먹겠다.

번갯불에 콩을 볶아서 먹을 만할 정도로 재빠르고 민첩하다는 뜻이에요.
번갯불에 콩을 볶아서 먹을 만큼 조급하게 군다는 부정적인 뜻도 있지요.

 비슷한 속담
번갯불에 담배 붙이겠다.
번갯불에 회 쳐 먹겠다.

 속담을 바르게 따라 써 보세요.

번	갯	불	에		콩		볶	아	먹	겠	다	.
번	갯	불	에		콩		볶	아	먹	겠	다	.

📖 어휘 채우기   번갯불에 ☐ 볶아먹겠다.

번갯불에 콩 볶아먹겠다.

....

....

14

얌전한 고양이 부뚜막에 먼저 올라간다.

겉으로는 얌전하고 조용해 보이는 사람이 의외의 모습을 보일 때 쓰는 말이에요.
아무것도 못 할 것 같은 사람이 자기 몫을 잘 해내고 영리하게 굴 때도 쓰인답니다.

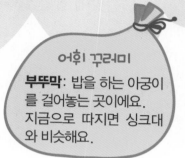

어휘 꾸러미

부뚜막: 밥을 하는 아궁이를 걸어놓는 곳이에요. 지금으로 따지면 싱크대와 비슷해요.

 속담을 바르게 따라 써 보세요.

얌	전	한		고	양	이		부	뚜	막	에
먼	저		올	라	간	다	.				
얌	전	한		고	양	이		부	뚜	막	에
먼	저		올	라	간	다	.				

어휘 채우기 얌전한 고양이 ☐☐☐ 에 먼저 올라간다.

얌전한 고양이 부뚜막에 먼저 올라간다.

25

15 언 발에 오줌 누기.

언 발을 녹이려고 오줌을 누면 잠깐은 따듯할지 모르지만,
오줌이 식으면 발은 더 꽁꽁 얼어버리고 말 거예요.
눈앞에 급한 일을 피하고자 임시방편을 쓰면 상황이 더욱더 나빠질 수 있다는 의미예요.

💬 속담을 바르게 따라 써 보세요.

언		발	에		오	줌		누	기	.	
언		발	에		오	줌		누	기	.	

 어휘 채우기 언 발에 ☐☐ 누기.

언 발에 오줌 누기.

16 원수는 외나무다리에서 만난다.

'원수'는 원한이 맺힐 정도로 해를 끼친 사람이라는 뜻이에요.
원수를 피할 수 없는 외나무다리에서 마주쳐야 한다면 정말 싫을 거예요.
사이가 좋지 않거나 싫어하는 사람을 피할 수 없는 곳에서 만나게 될 때 쓰는 말이랍니다.

💬 속담을 바르게 따라 써 보세요.

원	수	는		외	나	무	다	리	에	서
만	난	다	.							
원	수	는		외	나	무	다	리	에	서
만	난	다	.							

 어휘 채우기 ☐☐ 는 외나무다리에서 만난다.

원수는 외나무다리에서 만난다.

17 ★ 자라 보고 놀란 가슴 솥뚜껑 보고 놀란다.

어떤 사물에 한번 놀란 사람은 비슷한 것만 보아도 지레 겁을 먹는다는 뜻이에요.
'자라'는 거북이와 닮은 동물로 한 번 물면 절대로 놓지 않는 성질을 지녔어요.
자라에게 물려본 사람은 자라의 등딱지와 닮은 '솥뚜껑'을 보아도 깜짝 놀라겠지요.

비슷한 속담   뜨거운 물에 덴 놈 숭늉 보고도 놀란다.
불에 놀란 놈이 부지깽이만 보아도 놀란다.

  속담을 바르게 따라 써 보세요.

자	라		보	고		놀	란		가	슴	
솥	뚜	껑		보	고		놀	란	다	.	
자	라		보	고		놀	란		가	슴	
솥	뚜	껑		보	고		놀	란	다	.	

어휘 채우기   자라 보고 놀란 가슴 ☐☐☐ 보고 놀란다

자라 보고 놀란 가슴 솥뚜껑 보고 놀란다.

칼로 물 베기.

아무리 잘라도 소용없는 물처럼 열심히 해도 소용없는 일, 불가능한 일을 뜻해요.
싸웠다가 시간이 지나면 언제 그랬냐는 듯 사이가 좋아지는 경우를 뜻하기도 해요.
'부부싸움은 칼로 물 베기'라는 말도 있답니다.

속담을 바르게 따라 써 보세요.

칼	로		물		베	기	.				
칼	로		물		베	기	.				

 어휘 채우기) 칼로 ⬚ 베기.

칼로 물 베기.

⭐ 19 호랑이도 제 말 하면 온다.

깊은 산골짜기에 있는 호랑이도 자신에 관한 이야기를 하면 찾아온다는 뜻으로,
어디서든 그 자리에 없는 사람을 흉보면 안 된다는 의미의 속담이에요.
다른 사람에 관한 이야기를 하는데 마침 그 사람이 나타날 때 쓰기도 해요.

비슷한 속담   시골 놈 제 말 하면 온다.
까마귀 제소리 하면 온다.

 속담을 바르게 따라 써 보세요.

호	랑	이	도		제		말		하	면
온	다	.								
호	랑	이	도		제		말		하	면
온	다	.								

📖 어휘 채우기   호랑이도 제 ☐ 하면 온다.

호랑이도 제 말 하면 온다.

황소 뒷걸음치다가 쥐 잡는다.

'황소'는 우직하고 착하지만 느리고 미련하다는 이미지도 가지고 있어요. 이런 황소가 뒷걸음치다가 쥐를 잡는 건 뜻밖의 일이랍니다. 우연히 무언가 알아맞히거나, 어리석은 사람이 생각지 못한 좋은 성과를 냈을 때 쓰는 말이에요.

비슷한 속담   봉사 문고리 잡기.

 속담을 바르게 따라 써 보세요.

황	소		뒷	걸	음	치	다	가		쥐
잡	는	다	.							
황	소		뒷	걸	음	치	다	가		쥐
잡	는	다	.							

어휘 채우기   황소 ☐☐☐ 치다가 쥐 잡는다.

황소 뒷걸음치다가 쥐 잡는다.

★ 네모 안에 들어갈 낱말을 맞춰 보세요.

1. ㄱ ㄸ 도 약에 쓰려면 없다.

2. 뛰어야 ㅂ ㄹ .

3. ㅎ ㄹ ㅇ 도 제 말 하면 온다.

4. ㅁ ㅍ ㄹ 에 게 눈 감추듯.

5. ㅂ ㄱ 뀐 놈이 성낸다.

6. 원수는 ㅇ ㄴ ㅁ ㄷ ㄹ 에서 만난다.

7. 얌전한 ㄱ ㅇ ㅇ 부뚜막에 먼저 올라간다.

8. 고래 싸움에 ㅅ ㅇ 등 터진다.

★ 비슷한 속담을 찾아 사다리를 타 보세요.

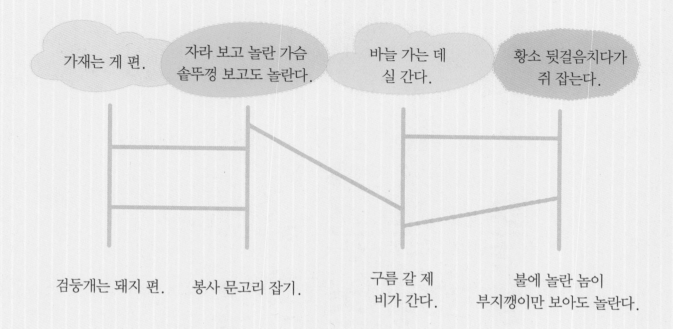

가재는 게 편.　　자라 보고 놀란 가슴 솥뚜껑 보고도 놀란다.　　바늘 가는 데 실 간다.　　황소 뒷걸음치다가 쥐 잡는다.

검둥개는 돼지 편.　　봉사 문고리 잡기.　　구름 갈 제 비가 간다.　　불에 놀란 놈이 부지깽이만 보아도 놀란다.

★ 속담의 뜻을 찾아 연결해 보세요.

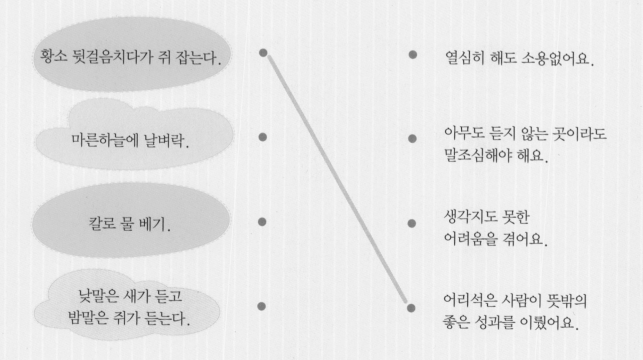

황소 뒷걸음치다가 쥐 잡는다.

마른하늘에 날벼락.

칼로 물 베기.

낮말은 새가 듣고 밤말은 쥐가 듣는다.

열심히 해도 소용없어요.

아무도 듣지 않는 곳이라도 말조심해야 해요.

생각지도 못한 어려움을 겪어요.

어리석은 사람이 뜻밖의 좋은 성과를 이뤘어요.

2장

슬기로운 아이로
이끌어주는 속담

2장에서는 어려운 상황을 슬기롭게 헤쳐 나갈 힘을 주는 속담을 다루고 있어
요. 상황에 맞는 속담으로 누군가를 위로해주는 것도 뜻깊은 일이에요.
성적이 오르지 않아 우울한 친구에게 "지성이면 감천이라고 곧 노력한 만큼 결
실을 얻을 거야!", 일이 뜻대로 되지 않아 상심한 부모님께 "고생 끝에 낙이 온
다는 말도 있잖아요. 저는 부모님을 믿어요."라고 말해보는 건 어떨까요?

그날그날 배운 속담을
체크하면서 학습 진도를
한눈에 알아볼 수 있어요!

체크 리스트

개같이 벌어서 정승같이 산다.

고된 일을 해서 어렵게 번 돈을 보람차고 좋은 일에 쓰는 것을 말해요.
할머니가 한평생 힘겹게 버신 돈을 학생들의 장학금으로 내놓았을 때 처럼요.

어휘 꾸러미

정승: 아주 높은 벼슬을 하는 사람이에요. 아는 것이 많고 명예로운 사람을 뜻하기도 해요.

 속담을 바르게 따라 써 보세요.

개	같	이		벌	어	서		정	승	같	이	∨
산	다	.										
개	같	이		벌	어	서		정	승	같	이	∨
산	다	.										

어휘 채우기) 개같이 벌어서 [ ] 같이 산다.

개같이 벌어서 정승같이 산다.

22 ⭐

개천에서 용 난다.

형편이 어려운 집안에서 훌륭한 인물이 나는 것을 말해요.
작은 개천처럼 보잘것없는 환경이라도 노력하면 용과 같은 훌륭한 인물이 될 수있어요.

비슷한 속담   개똥밭에 인물 난다.

💬 속담을 바르게 따라 써 보세요.

개	천	에	서		용		난	다	.		
개	천	에	서		용		난	다	.		

📖 **어휘 채우기**   개천에서 ☐ 난다.

개천에서 용 난다.

★

고생 끝에 낙이 온다.

어렵고 힘든 일을 겪은 뒤에는 반드시 즐거운 일이 생긴다는 말이에요.
힘든 시험을 끝내고 나면 즐거운 방학이 기다리고 있는 것과 마찬가지지요.

비슷한 속담 태산을 넘으면 평지를 본다.

어휘 꾸러미
낙: 즐거움이나 기쁨을 뜻해요. 좋아하는 일을 할 때, "내 삶의 낙이다!"라고 말하기도 하지요.

 속담을 바르게 따라 써 보세요.

고	생		끝	에		낙	이		온	다	.
고	생		끝	에		낙	이		온	다	.

어휘 채우기 고생 끝에 [ ]이 온다.

고생 끝에 낙이 온다.

공든 탑이 무너지랴.

정성을 다하고 공을 들여 열심히 한 일은 절대 헛되지 않는다는 말이에요.
대충대충 쌓은 돌탑은 조금의 흔들림으로도 금방 무너져요.
하지만 차곡차곡 공들여 쌓은 탑은 세월이 흘러도 쉽게 무너지지 않는답니다.

💬 속담을 바르게 따라 써 보세요.

공	든		탑	이		무	너	지	랴	.
공	든		탑	이		무	너	지	랴	.

 어휘 채우기

탑이 무너지랴.

공든 탑이 무너지랴.

25 굼벵이도 구르는 재주가 있다.

아무리 못난 사람이라도 한 가지 재주는 있다는 뜻이에요.
굼벵이는 짧고 뚱뚱해서 느릿느릿하지만, 덕분에 누구보다 잘 구를 수 있답니다.

어휘 꾸러미

굼벵이: 굼벵이는 매미의 애벌레예요. 몸이 짧고 뚱뚱하며 느릿느릿하지요.

 속담을 바르게 따라 써 보세요.

굼	벵	이	도		구	르	는		재	주	가	✓
있	다	.										
굼	벵	이	도		구	르	는		재	주	가	✓
있	다	.										

어휘 채우기 굼벵이도 구르는 ☐☐ 가 있다.

굼벵이도 구르는 재주가 있다.

될성부른 나무는 떡잎부터 알아본다.

크게 될 사람은 어릴 적부터 다르다는 뜻이에요.
좋은 결과를 얻게 되는 일은 시작부터 잘 풀린다는 뜻도 있지요.

어휘 꾸러미

될성부르다: 잘 될 가망, 가능성
이 있어 보인다는 뜻이에요.
떡잎: 씨앗에서 싹이 틀 때 처음
나오는 잎이에요.

 속담을 바르게 따라 써 보세요.

될	성	부	른		나	무	는		떡	잎	부
터		알	아	본	다	.					
될	성	부	른		나	무	는		떡	잎	부
터		알	아	본	다	.					

어휘 채우기 될성부른 나무는 □□ 부터 알아본다.

될성부른 나무는 떡잎부터 알아본다.

★27 말 한 마디로 천 냥 빚을 갚는다.

말만 잘하면 어렵거나 불가능해 보이는 일도 해결할 수 있다는 뜻이에요.
내게 잘못한 친구라도 좋은 말을 하면서 진심으로 사과를 하면 화가 금방 풀리듯이 말
이지요.

어휘 꾸러미

냥 : 고려시대 때부터
쓰인 화폐 단위에요.
10푼이 1전, 10전이
1냥과 같아요.

💬 속담을 바르게 따라 써 보세요.

말		한		마	디	로		천		냥
빚	을		갚	는	다	.				
말		한		마	디	로		천		냥
빚	을		갚	는	다	.				

 어휘 채우기   말 한 마디로 천 냥 ☐ 을 갚는다.

말 한 마디로 천 냥 빚을 갚는다.

28 ★ 미운 아이 떡 하나 더 준다.

못난 사람이라도 따뜻하게 보듬어주고 관심을 가지면 마음을 바꾸어 달라진다는 뜻이에요. 나를 싫어하거나 사이가 좋지 못한 친구를 칭찬하고 감싸주면 언젠가 그 친구도 내 진심을 알게 될 거예요.

 비슷한 속담   미운 사람에게는 쫓아가 인사한다.

💬 속담을 바르게 따라 써 보세요.

미	운		아	이		떡		하	나		더	✓
준	다	.										
미	운		아	이		떡		하	나		더	✓
준	다	.										

📖 **어휘 채우기**   미운 아이 ☐ 하나 더 준다.

미운 아이 떡 하나 더 준다.

43

29 ★ 백지장도 맞들면 낫다.

쉬운 일이라도 함께하면 훨씬 쉽다는 뜻이에요.
백지장처럼 아무리 가벼운 종이라도 함께 들면 더욱 가벼워지는 것처럼
어떤 일이라도 힘을 모으면 훨씬 더 쉽게 해결된답니다.

 비슷한 속담   동냥자루도 마주 벌려야 들어간다.

 속담을 바르게 따라 써 보세요.

백	지	장	도		맞	들	면		낫	다	.
백	지	장	도		맞	들	면		낫	다	.

어휘 채우기 | | | | 도 맞들면 낫다.

백지장도 맞들면 낫다.

30 벼 이삭은 익을수록 고개를 숙인다.

벼가 익으면 이삭의 무게가 무거워지면서 고개를 숙이는 듯한 자세가 되는 것처럼 사람도 아는 것이 많아지고 능력이 뛰어난 사람일수록 겸손하다는 뜻이에요.

비슷한 속담 낟알은 익을수록 고개를 숙인다.
병에 찬 물은 저어도 소리가 나지 않는다.

 속담을 바르게 따라 써 보세요.

벼		이	삭	은		익	을	수	록		고
개	를		숙	인	다	.					
벼		이	삭	은		익	을	수	록		고
개	를		숙	인	다	.					

어휘 채우기 벼 □□ 은 익을수록 고개를 숙인다.

벼 이삭은 익을수록 고개를 숙인다.

보기 좋은 떡이 먹기도 좋다.

겉으로 보이는 모습을 잘 꾸미는 것도 중요하다는 뜻이에요.
가격도 맛도 똑같다면 당연히 더 예쁜 음식을 먹고 싶을 테니까요.

비슷한 속담   이왕이면 다홍치마.

 속담을 바르게 따라 써 보세요.

보	기		좋	은		떡	이		먹	기	도	✓
좋	다	.										
보	기		좋	은		떡	이		먹	기	도	✓
좋	다	.										

어휘 채우기 ☐☐ 좋은 떡이 먹기도 좋다.

보기 좋은 떡이 먹기도 좋다.

서당 개 삼 년이면 풍월을 읊는다.

'서당'이란 옛날에 학생들이 글을 배웠던 학교 같은 곳이고, '풍월'은 바람과 달이라는 뜻으로 자연의 아름다움을 노래한 시랍니다. 개도 서당에서 삼 년 동안 살면 시 한 수는 따라 외우지 않겠냐는 말처럼 무식한 사람도 유식한 사람과 오래 지내면 자연스레 함께 유식해진다는 뜻이에요.

 속담을 바르게 따라 써 보세요.

서	당		개		삼		년	이	면		풍
월	을		읊	는	다	.					
서	당		개		삼		년	이	면		풍
월	을		읊	는	다	.					

어휘 채우기   서당 개 삼 년이면 [ ][ ]을 읊는다.

서당 개 삼 년 이면 풍월을 읊는다.

⭐ 33 식은 죽 먹기.

죽이 뜨겁다면 호호 불어먹어야겠지만 식었다면 망설임 없이 퍼먹을 수 있어요.
아무런 거리낌 없이 쉽게 할 수 있는 일을 뜻하는 속담이에요.

비슷한 속담 땅 짚고 헤엄치기.

💬 속담을 바르게 따라 써 보세요.

식	은		죽		먹	기	.				
식	은		죽		먹	기	.				

 어휘 채우기 | | | 죽 먹기.

식은 죽 먹기.

열 번 찍어 안 넘어가는 나무 없다.

열심히 노력하면 안 되는 일이 없다는 뜻이에요.
크고 두꺼운 나무라도 열 번 스무 번 계속 도끼로 찍으면 결국 쓰러지지요.
의지가 곧고 굳센 사람도 여러 번 꾀고 달래면 넘어가게 되어 있다는 뜻도 있어요.

비슷한 속담 낙숫물이 댓돌을 뚫는다.

 속담을 바르게 따라 써 보세요.

열	번	찍어	안	넘어가
는	나무	없다.		
열	번	찍어	안	넘어가
는	나무	없다.		

어휘 채우기 열 번 찍어 안 넘어가는 [　　] 없다.

열 번 찍어 안 넘어가는 나무 없다.

35 윗물이 맑아야 아랫물이 맑다.

윗사람이 바른 행동을 해야 아랫사람도 따라 바르게 행동한다는 뜻이에요.
물은 위에서 아래로, 높은 곳에서 낮은 곳으로 흐르기 때문에 윗물이 맑으면 아랫물
도 맑고, 윗물이 더러우면 아랫물도 더러워져요. 이런 자연의 이치가 사람 사이에도
적용된 것이랍니다.

속담을 바르게 따라 써 보세요.

윗	물	이		맑	아	야		아	랫	물	이	✓
맑	다	.										
윗	물	이		맑	아	야		아	랫	물	이	✓
맑	다	.										

 어휘 채우기 윗물이 맑아야 아랫물이 □□ .

윗물이 맑아야 아랫물이 맑다.

50

입에 쓴 약이 병에는 좋다.

충고나 비판이 듣기 싫어도 달게 받아들여 발전해야 한다는 뜻이에요.
칭찬 못지않게 친구들을 발전시키는 것은 부모님과 선생님의 쓴소리예요.
잘못한 점, 고쳐야 할 점을 알고 받아들인다면 더욱더 멋진 사람이 될 거예요.

비슷한 속담　　입에 쓴 약이 병을 고친다.

 속담을 바르게 따라 써 보세요.

입	에		쓴		약	이		병	에	는
좋	다	.								
입	에		쓴		약	이		병	에	는
좋	다	.								

어휘 채우기　　입에 ☐ 약이 병에는 좋다.

입에 쓴 약이 병에는 좋다.

37 지렁이도 밟으면 꿈틀한다.

아무리 약하고 힘없는 사람이나 착한 사람이라도 업신여기면 성낸다는 뜻이에요.
작은 동물이나 식물도 마찬가지예요. 약하고 말 못한다고 함부로 대하면 언젠가
큰 벌을 받게 될 거예요.

 비슷한 속담

굼벵이도 밟으면 꿈틀한다.
쥐도 궁지에 물리면 고양이를 문다.

속담을 바르게 따라 써 보세요.

지	렁	이	도		밟	으	면		꿈	틀	한
다	.										
지	렁	이	도		밟	으	면		꿈	틀	한
다	.										

어휘 채우기 지렁이도 밟으면 [ㅤ|ㅤ] 한다.

지렁이도 밟으면 꿈틀한다.

52

지성이면 감천.

정성이 크면 하늘도 감동한다는 뜻이에요.
무슨 일이든 마음을 다해 노력하면 아무리 어려운 일이라도 해결할 수 있답니다.

속담을 바르게 따라 써 보세요.

지	성	이	면		감	천	.			
지	성	이	면		감	천	.			

 어휘 채우기 지성이면 □□.

지성이면 감천.

하나를 보면 열을 안다.

한 가지 행동만 봐도 그 사람의 성품을 알 수 있다는 뜻이에요.
똑똑한 사람은 한 가지를 가르치면 그 속에서 열 가지를 깨우친다는 뜻도 있어요.

같은 속담   하나를 가르치면 열을 안다.

 속담을 바르게 따라 써 보세요.

하	나	를		보	면		열	을		안	다	.
하	나	를		보	면		열	을		안	다	.

어휘 채우기   하나를 보면 열을 [ ][ ].

하나를 보면 열을 안다.

⋯⋯⋯⋯⋯⋯⋯⋯⋯⋯⋯⋯⋯⋯⋯⋯⋯⋯⋯⋯⋯⋯⋯⋯⋯⋯⋯⋯

40 하늘이 무너져도 솟아날 구멍이 있다.

아무리 어려운 일이나 상황에 부닥치더라도 해결할 방법은 있다는 말이에요.
곰곰이 생각해봐도 답이 떠오르지 않는다면 선생님이나 부모님에게 도움을 청하세요.
친구들을 꼭 도와주실 거예요.

비슷한 속담 호랑이에게 물려 가도 정신만 차리면 산다.

속담을 바르게 따라 써 보세요.

하	늘	이		무	너	져	도		솟	아	날	✓
구	멍	이		있	다	.						
하	늘	이		무	너	져	도		솟	아	날	✓
구	멍	이		있	다	.						

 어휘 채우기 하늘이 무너져도 [| |] 구멍이 있다.

하늘이 무너져도 솟아날 구멍이 있다.

★ 네모 안에 들어갈 낱말을 맞춰 보세요.

1. 작은 [ㄱ ㅊ]가 맵다.

2. 개같이 벌어서 [ㅈ ㅅ]같이 산다.

3. 지렁이도 밟으면 [ㄲ ㅌ]한다.

4. [ㄱ ㅂ ㅇ]도 구르는 재주가 있다.

5. 될성부른 나무는 [ㄸ ㅇ]부터 알아본다.

6. 하늘이 무너져도 솟아날 [ㄱ ㅁ]이 있다.

7. 개천에서 [ㅇ] 난다.

8. 보기 좋은 [ㄸ]이 먹기도 좋다.

★ 비슷한 속담을 찾아 사다리를 타 보세요.

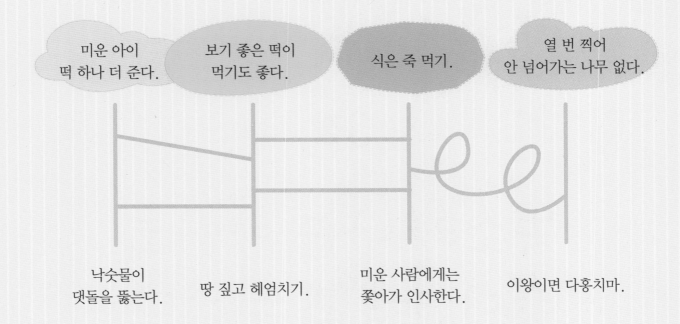

미운 아이 떡 하나 더 준다.

보기 좋은 떡이 먹기도 좋다.

식은 죽 먹기.

열 번 찍어 안 넘어가는 나무 없다.

낙숫물이 댓돌을 뚫는다.

땅 짚고 헤엄치기.

미운 사람에게는 쫓아가 인사한다.

이왕이면 다홍치마.

★ 속담의 뜻을 찾아 연결해 보세요.

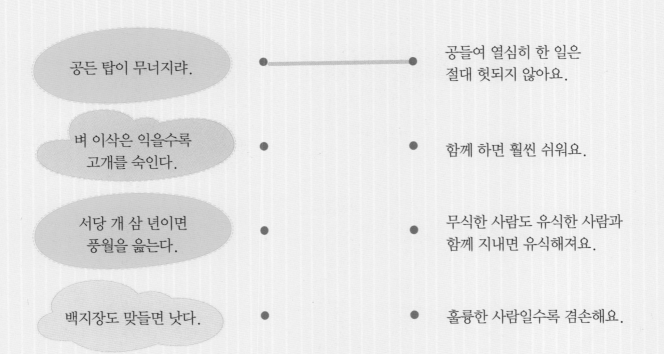

공든 탑이 무너지랴.

벼 이삭은 익을수록 고개를 숙인다.

서당 개 삼 년이면 풍월을 읊는다.

백지장도 맞들면 낫다.

공들여 열심히 한 일은 절대 헛되지 않아요.

함께 하면 훨씬 쉬워요.

무식한 사람도 유식한 사람과 함께 지내면 유식해져요.

훌륭한 사람일수록 겸손해요.

3장

똑소리 나는 아이로 발전시켜 주는 속담

3장에서는 어떤 사건이라도 똑소리 나게 정리할 수 있는 속담을 다루고 있어요. 속담은 짧은 한 문장으로 상황을 단번에 요약할 수 있는 장점을 가졌어요. 약속을 지키지 않는 친구에게 화를 내거나 퉁명스럽게 말하는 것보다 "너는 구렁이 담 넘어가듯 그냥 넘어가는구나"라고 말한다면 친구 또한 잘 알아 들을 수 있을 거예요.

41 겉 다르고 속 다르다.

겉으로 드러내는 행동과 마음속 생각이 다른 것을 말해요.
앞에선 친한 척을 하지만 뒤돌아서면 흉을 보는 친구를 보면 알 수 있답니다.

같은 속담   겉보기와 안 보기가 다르다.

속담을 바르게 따라 써 보세요.

겉		다	르	고		속		다	르	다	.
겉		다	르	고		속		다	르	다	.

 어휘 채우기   겉 다르고 ☐ 다르다.

겉 다르고 속 다르다.

60

고양이한테 생선을 맡기다.

믿음직하지 못한 사람에게 일을 맡겨 불안하고 걱정스러워하는 모습을 말해요.
고양이가 생선을 좋아하는 것을 뻔히 아는데 마땅한 사람이 없어 맡겨야 한다면
얼마나 불안하겠어요?

비슷한 속담

고양이 보고 반찬 가게 지키라는 격이다.
도둑고양이더러 제물 지켜 달라 한다.

속담을 바르게 따라 써 보세요.

고	양	이	한	테		생	선	을		맡	기
다	.										
고	양	이	한	테		생	선	을		맡	기
다	.										

어휘 채우기   고양이한테 [ ][ ] 을 맡기다.

고양이한테 생선을 맡기다.

★ 43 구렁이 담 넘어가듯.

깔끔하게 해결하지 않고 슬그머니 얼버무리는 모습을 말해요.
내게 빌린 학용품을 친구가 돌려주지 않고 넘어가려 할 때,
친구가 지각했으면서 아닌 척 시치미 뗄 때 쓸 수 있는 말이지요.

비슷한 속담

괴(고양이) 다리에 기름 바르듯.
메기 등에 뱀장어 넘어가듯.

💬 속담을 바르게 따라 써 보세요.

구	렁	이		담		넘	어	가	듯	.
구	렁	이		담		넘	어	가	듯	.

📖 어휘 채우기   구렁이 □ 넘어가듯.

구렁이 담 넘어가듯.

62

44 ★

꿩 먹고 알 먹기.

한 가지 일을 해서 두 가지 이익을 얻는다는 말이에요.
꿩은 알을 품고 있을 때는 위험이 닥쳐도 도망가지 않는다고 해요.
사냥꾼이 그때를 노리면 꿩도 얻고 알도 얻는 두 가지 이익을 얻게 되는 것이지요.

비슷한 속담　도랑 치고 가재 잡기.
누이 좋고 매부 좋고.

💬 **속담을 바르게 따라 써 보세요.**

꿩	먹	고	알	먹	기	.		
꿩	먹	고	알	먹	기	.		

📖 **어휘 채우기**　꿩 먹고 〔　〕 먹기.

꿩 먹고 알 먹기.

45

누워서 침 뱉기.

남을 해치려 하다가 도리어 자기가 당하는 모습을 일컬은 말이에요.
친구를 흉보는 일은 결국 누워서 침 뱉듯이 자기를 흉보는 것과 다름없답니다.

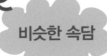

비슷한 속담

하늘 보고 침 뱉기.
자기 얼굴에 침 뱉기.

 속담을 바르게 따라 써 보세요.

누	워	서		침		뱉	기	.			
누	워	서		침		뱉	기	.			

어휘 채우기 누워서 □ 뱉기.

누워서 침 뱉기.

도둑이 제 발 저리다.

잘못한 것이 있는 사람은 잘못을 숨기려 해도 결국 티가 난다는 뜻이에요.
죄를 지었으니 자연스레 마음이 불편하고 두려워 금방 드러나는 것이지요.

같은 속담   도적은 제 발이 저려서 뛴다.

어휘 꾸러미

저리다: 피가 통하지 않아 몸의 감각이 둔해지고 아플 때 쓰는 말이에요.

 속담을 바르게 따라 써 보세요.

도	둑	이		제		발		저	리	다	.
도	둑	이		제		발		저	리	다	.

어휘 채우기   도둑이 제 발 ☐☐☐ .

도둑이 제 발 저리다.

★47 못 먹는 감 찔러나 본다.

제 것이 안 될 바에야 남도 갖지 못하게 하는 심술, 심보를 뜻해요.
남의 집 감나무에 달린 탐스러운 감을 먹고 싶어도 먹을 수 없으니 남도 먹지 못하도록 꼬챙이로 찌르며 심술을 부리는 모습에서 비유한 속담이에요.

비슷한 속담　　못 먹는 밥에 재 집어넣기.
　　　　　　　　　못 먹는 호박 찔러 보는 심사.

 속담을 바르게 따라 써 보세요.

못		먹	는		감		찔	러	나		본
다	.										
못		먹	는		감		찔	러	나		본
다	.										

어휘 채우기　　못 먹는 감 ☐ ☐ ☐ 본다.

못 먹는 감 찔러나 본다.

48 ★

목마른 놈이 우물 판다.

급하고 간절한 사람이 일을 서둘러 하게 되어 있다는 뜻이에요.
나는 배가 고파죽겠는데 다른 친구는 먹어도 그만 안 먹어도 그만이라면 결국 내가
빵을 사게 되는 것처럼 말이지요.

비슷한 속담

갑갑한 놈이 송사한다.
답답한 놈이 송사한다.

 속담을 바르게 따라 써 보세요.

목	마	른		놈	이		우	물		판	다	.
목	마	른		놈	이		우	물		판	다	.

어휘 채우기

놈이 우물 판다.

목마른 놈이 우물 판다.

밑 빠진 독에 물 붓기.

아무리 노력하고 밑천을 들여도 아무 보람이 없을 때 쓰는 말이에요.
밑이 깨진 독에 물을 아무리 열심히 부어 봤자 물은 고이지 않고 새어나가니까요.

어휘 꾸러미

독: 맛있는 김치나 간장, 술 등을 담가두는 배가 불룩한 항아리를 말해요.

💬 속담을 바르게 따라 써 보세요.

밑	빠	진	독	에	물	붓	기	.
밑	빠	진	독	에	물	붓	기	.

 (어휘 채우기) 밑 빠진 [　] 에 물 붓기.

밑 빠진 독에 물 붓기.

50

바늘 도둑이 소도둑 된다.

작은 나쁜 버릇도 자꾸 하게 되면 큰 죄를 저지를 수 있다는 의미예요.
바늘같이 작은 바늘을 훔치던 아이가 커서는 소처럼 큰 물건을 아무렇지 않게 훔치게
된답니다.

 비슷한 속담   바늘 쌈지(상자)에서 도둑이 난다.

속담을 바르게 따라 써 보세요.

바	늘		도	둑	이		소	도	둑		된
다	.										
바	늘		도	둑	이		소	도	둑		된
다	.										

어휘 채우기   │   │   │ 도둑이 소도둑 된다.

바늘 도둑이 소도둑 된다.

병 주고 약 준다.

실컷 괴롭혀놓고서 도와주겠다며 손을 내미는 친구는 아주 괘씸하고 얄미울 거예요.
다른 사람에게 해를 끼친 뒤 도와주는 척하는 얄미운 행동을 뜻하는 속담이에요.

비슷한 속담 등 치고 배 만진다.

 속담을 바르게 따라 써 보세요.

병	주 고	약	준 다 .	
병	주 고	약	준 다 .	

어휘 채우기 병 주고 [ ] 준다.

병 주고 약 준다.

52

불난 집에 부채질한다.

화난 사람을 더욱 화나게 하거나 상황이 안 좋은 사람에게 걱정을 보탠다는 뜻이에요. 집에 불이 나서 열심히 끄고 있는데 누군가 불이 더 붙으라고 부채질을 하면 몹시 화가 나겠지요?

같은 속담 불난 데 풀무질한다.

 속담을 바르게 따라 써 보세요.

불	난		집	에		부	채	질	한	다	.
불	난		집	에		부	채	질	한	다	.

어휘 채우기 불난 집에 [ ] [ ] [ ] 한다.

불난 집에 부채질한다.

소 잃고 외양간 고친다.

미리미리 준비하지 않고 일을 당한 뒤에야 뒤늦게 나선다는 뜻이에요.
옛날에 소는 농사를 짓기 위해 꼭 필요한 존재였어요.
그런 소를 가둬두는 외양간을 고치지 않다가 도둑맞은 뒤에 고치면 무슨 소용이겠어요.

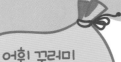

어휘 꾸러미

외양간: 말이나 소를 기르는 곳이에요. 마구간이라고도 불린답니다.

 속담을 바르게 따라 써 보세요.

소		잃	고		외	양	간		고	친	다	.
소		잃	고		외	양	간		고	친	다	.

어휘 채우기   소 잃고 ☐☐☐ 고친다.

소 잃고 외양간 고친다.

54

숭어가 뛰니까 망둥이도 뛴다.

자기 분수와 처지를 생각하지 않고 남의 행동을 따라 할 때 쓰는 말이에요.
'숭어'는 몸도 크고 뛰는 힘도 좋아 수면 위로 높이 뛰어오르는 것에 비해
'망둥이'는 크기도 작고 얼마 뛰어오르지도 못하는 것을 비교하여 만들어졌어요.

비슷한 속담

뱁새가 황새를 따라가면 가랑이 찢어진다.
잉어, 숭어가 오니 물고기라고 송사리도 온다.

💬 속담을 바르게 따라 써 보세요.

숭	어	가		뛰	니	까		망	둥	이	도	✓
뛴	다	.										
숭	어	가		뛰	니	까		망	둥	이	도	✓
뛴	다	.										

📖 어휘 채우기   숭어가 뛰니까 [　　] 도 뛴다.

숭어가 뛰니까 망둥이도 뛴다.

55 ★ 엎드려 절 받기.

상대방에게 자기 스스로 바라여 대접을 받는 경우를 일컫는 속담이에요.
친하지 않은 친구가 자신의 생일이라며 억지로 선물을 받아가는 경우를 생각해 보세요.

비슷한 속담

억지로 절 받기.
옆 찔러 절 받기.

 속담을 바르게 따라 써 보세요.

엎	드	려		절		받	기	.			
엎	드	려		절		받	기	.			

어휘 채우기 엎드려 [ ] 받기.

엎드려 절 받기.

★ 56 제 꾀에 제가 넘어간다.

꾀를 내어 남을 속이려다 도리어 자기가 그 꾀에 속아 넘어간다는 뜻이에요.
〈흥부놀부전〉의 놀부는 더욱더 부자가 되고 싶어 제비의 다리를 부러뜨려 박씨를
얻었어요. 하지만 그 박에서는 온갖 오물과 놀부를 흠씬 두드려 패주는 도깨비들이
나왔으니 제 꾀에 제가 넘어간 격이지요.

비슷한 속담

제 딴죽에 제가 넘어졌다.
제 눈 제가 찌른다.

💬 **속담을 바르게 따라 써 보세요.**

제		꾀	에		제	가		넘	어	간	다	.
제		꾀	에		제	가		넘	어	간	다	.

📖 **어휘 채우기** 제 ☐ 에 제가 넘어간다.

제 꾀에 제가 넘어간다.

57 참새가 방앗간을 그저 지나랴.

자기가 좋아하는 것을 보고 그냥 지나치지 못한다는 뜻이에요.
또는 자기에게 이익이 되는 것을 보면 그냥 지나치지 못한다는 뜻도 있지요.
참새들이 떨어진 곡식을 먹기 위해 방앗간을 찾아오는 모습에 비유한 속담이에요.

어휘 꾸러미

방앗간: 곡식을 찧거나 빻는 곳으로 바닥에 곡식들이 많이 떨어져 있답니다.

💬 속담을 바르게 따라 써 보세요.

참	새	가		방	앗	간	을		그	저
지	나	랴	.							
참	새	가		방	앗	간	을		그	저
지	나	랴	.							

 어휘 채우기 참새가 [　　|　　|　　] 을 그저 지나랴.

참새가 방앗간을 그저 지나랴.

⭐ 58 콩 심은 데 콩 나고 팥 심은 데 팥 난다.

모든 일은 원인에 따라서 결과가 생긴다는 말이에요.
축구선수가 되려면 축구 연습을 열심히 하고, 선생님이 되려면 공부를 열심히 해야
하는 것처럼 말이에요.

 **비슷한 속담**

오이 덩굴에 오이 열리고 가지 나무에 가지 열린다.
대나무에서 대 난다.
배나무에 배 열리지 감 안 열린다.

 속담을 바르게 따라 써 보세요.

콩	심 은	데	콩	나 고
팥	심 은	데	팥	난 다 .
콩	심 은	데	콩	나 고
팥	심 은	데	팥	난 다 .

📖 **어휘 채우기** 콩 심은 데 콩 나고 팥 심은 데 [ ] 난다.

콩 심은 데 콩 나고 팥 심은 데 팥 난다.

평안 감사도 저 싫으면 그만이다.

아무리 좋은 일이라도 제 마음에 들지 않으면 억지로 시킬 수 없다는 뜻이에요.
'평안'은 살기 좋은 곳으로 유명해서 모두 그곳을 다스리는 '감사'가 되고 싶어 했어요.
하지만 아무리 좋은 자리라도 본인이 내키지 않는다면 임금님도 어쩔 수 없지요.

비슷한 속담

돈피에 잣죽도 저 싫으면 그만이다.
정승도 저 싫으면 안 한다.

속담을 바르게 따라 써 보세요.

평	안		감	사	도		저		싫	으	면	✓
그	만	이	다	.								
평	안		감	사	도		저		싫	으	면	✓
그	만	이	다	.								

어휘 채우기 | | | | | 도 저 싫으면 그만이다.

평안 감사도 저 싫으면 그만이다.

하룻강아지 범 무서운 줄 모른다.

어리고 약한 사람이 나이 많고 강한 사람에게 겁 없이 덤벼들 때 쓰는 말이에요.
또는 자신의 힘으로 역부족인 일을 무턱대고 하려고 할 때도 쓰이지요.
'하룻강아지'는 본래 '하릅강아지'라는 말인데, 한 살 배기 강아지를 뜻하는 말이에요.
이제 한 살이 된 강아지가 호랑이(범)에게 덤비다니 얼마나 철없고 무모한 행동이겠어요.

비슷한 속담

까마귀 똥도 약에 쓰려면 오백 냥이라.
쇠똥도 약에 쓰려면 없다.

속담을 바르게 따라 써 보세요.

하	룻	강	아	지		범		무	서	운
줄		모	른	다	.					
하	룻	강	아	지		범		무	서	운
줄		모	른	다	.					

어휘 채우기 하룻강아지 ☐ 무서운 줄 모른다.

하룻강아지 범 무서운 줄 모른다.

★ 네모 안에 들어갈 낱말을 맞춰 보세요.

1. 불난 집에 ㅂ ㅊ ㅈ 한다.

2. 소 잃고 ㅇ ㅇ ㄱ 고친다.

3. ㅎ ㄹ ㄱ ㅇ ㅈ 범 무서운 줄 모른다.

4. 참새가 ㅂ ㅇ ㄱ 을 그저 지나랴.

5. 바늘 도둑이 ㅅ ㄷ ㄷ 된다.

6. 고양이한테 ㅅ ㅅ 을 맡기다.

7. 숭어가 뛰니까 ㅁ ㄷ ㅇ 도 뛴다.

8. ㄷ ㄷ 이 제 발 저리다.

★ 비슷한 속담을 찾아 사다리를 타 보세요.

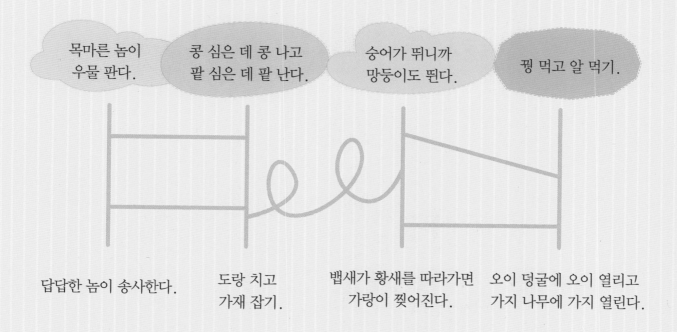

목마른 놈이 우물 판다.

콩 심은 데 콩 나고 팥 심은 데 팥 난다.

숭어가 뛰니까 망둥이도 뛴다.

꿩 먹고 알 먹기.

답답한 놈이 송사한다.

도랑 치고 가재 잡기.

뱁새가 황새를 따라가면 가랑이 찢어진다.

오이 덩굴에 오이 열리고 가지 나무에 가지 열린다.

★ 속담의 뜻을 찾아 연결해 보세요.

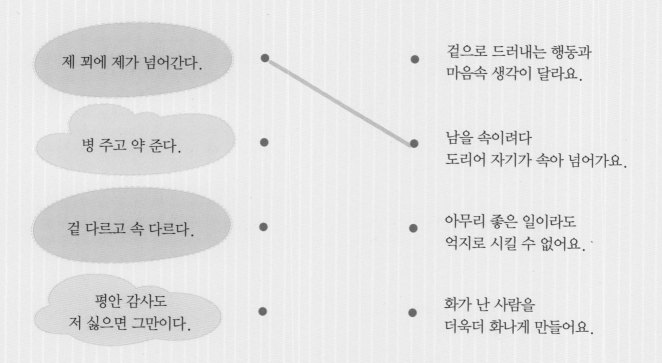

제 꾀에 제가 넘어간다.

병 주고 약 준다.

겉 다르고 속 다르다.

평안 감사도 저 싫으면 그만이다.

겉으로 드러내는 행동과 마음속 생각이 달라요.

남을 속이려다 도리어 자기가 속아 넘어가요.

아무리 좋은 일이라도 억지로 시킬 수 없어요.

화가 난 사람을 더욱더 화나게 만들어요.

4장

생각하는 아이로
일깨워주는 속담

4장에서는 한 번 더 생각하고 행동할 수 있도록 도와주는 속담을 다루고 있어
요. 친구와 서로 못된 말로 상처 주며 다투는 날이 있지요? 이제부터는 친구와
싸우기 전에 이렇게 생각해 보세요.
'가는 말이 고와야 오는 말이 곱다고 했어. 내가 먼저 못된 말을 해서 친구에게
상처를 준 건 아닐까?'

그날그날 배운 속담을
체크하면서 학습 진도를
한눈에 알아볼 수 있어요!

체크 리스트

★ **61**

가는 말이 고와야 오는 말이 곱다.

내가 좋은 대접을 받으려면 나부터 잘해야 한다는 뜻이에요.
내가 먼저 친구에게 착한 행동을 하면 친구도 내게 착한 행동을 한답니다.

비슷한 속담

가는 떡이 커야 오는 떡이 크다.
가는 정이 있어야 오는 정이 있다.

 속담을 바르게 따라 써 보세요.

가	는		말	이		고	와	야		오	는	✓
말	이		곱	다	.							
가	는		말	이		고	와	야		오	는	✓
말	이		곱	다	.							

📖 (**어휘 채우기**) 가는 말이 고와야 [ ] [ ] 말이 곱다.

가는 말이 고와야 오는 말이 곱다.

- -

62. 개구리 올챙이 적 생각 못 한다.

예전에 못나고 힘들었던 시절을 생각하지 못하고 잘난 체하는 모습을 말해요.
개구리가 자신이 올챙이였던 시절을 까먹고 올챙이를 괴롭히는 것처럼 말이에요.

같은 속담   올챙이 적 생각은 못하고 개구리 된 생각만 한다.

속담을 바르게 따라 써 보세요.

개	구	리		올	챙	이		적		생	각	✓
못		한	다	.								
개	구	리		올	챙	이		적		생	각	✓
못		한	다	.								

어휘 채우기   개구리 [ ][ ][ ] 적 생각 못 한다.

개구리 올챙이 적 생각 못 한다.

63 구슬이 서 말이라도 꿰어야 보배.

아무리 귀한 것이라도 쓸모 있게 만들어야 가치가 생긴다는 뜻이에요.
원석도 다듬어야 보석이 되고, 재능도 갈고닦아야 빛을 볼 수 있지요.

비슷한 속담   부뚜막의 소금도 집어넣어야 짜다.

 속담을 바르게 따라 써 보세요.

구	슬	이		서		말	이	라	도		꿰
어	야		보	배	.						
구	슬	이		서		말	이	라	도		꿰
어	야		보	배	.						

 어휘 채우기   구슬이 서 말이라도 꿰어야 [ ][ ].

구슬이 서 말이라도 꿰어야 보배.

- -

- -

64

꼬리가 길면 밟힌다.

아무도 모르게 하는 일이라도 반복된다면 결국에는 들키게 된다는 뜻이에요.
숙제를 한 장, 두 장, 하루, 이틀 미루면 티가 안 날 것 같지만
언젠가는 선생님과 부모님에게 들켜 야단을 맞게 되는 것처럼 말이에요.

비슷한 속담 고삐가 길면 밟힌다.

 속담을 바르게 따라 써 보세요.

꼬	리	가		길	면		밟	힌	다	.
꼬	리	가		길	면		밟	힌	다	.

어휘 채우기 꼬리가 길면 ☐☐☐.

꼬리가 길면 밟힌다.

65 남의 잔치에 감 놓아라 배 놓아라 한다.

남의 일에 괜히 간섭하며 나서는 모습을 비꼬는 말이에요.
내 생일파티에 친구가 치킨 놓아라, 케이크 놓아라 간섭할 때 쓰는 말이지요.

비슷한 속담

남의 제사에 감 놓아라 배 놓아라 한다.
사돈집 잔치에 감 놓아라 배 놓아라 한다.

 속담을 바르게 따라 써 보세요.

남	의		잔	치	에		감		놓	아	라	∨
배		놓	아	라		한	다	.				
남	의		잔	치	에		감		놓	아	라	∨
배		놓	아	라		한	다	.				

어휘 채우기 남의 잔치에 감 놓아라 ☐ 놓아라 한다.

남의 잔치에 감 놓아라 배 놓아라 한다.

66 ⭐

낫 놓고 기역 자도 모른다.

눈앞에 두고도 알아보지 못하는 무식함을 뜻해요.
기역 자 모양으로 생긴 낫을 보고도 기역 자를 모르는 무지함을 비유했어요.

비슷한 속담 뜨고도 못 보는 당달봉사.

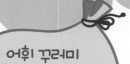

어휘 꾸러미

낫: 풀이나 곡식, 나무를
베는 데 쓰이는 'ㄱ'자 모
양의 농기구예요.

 속담을 바르게 따라 써 보세요.

낫		놓	고		기	역		자	도		모
른	다	.									
낫		놓	고		기	역		자	도		모
른	다	.									

📖 **어휘 채우기** ☐ 놓고 기역 자도 모른다.

낫 놓고 기역 자도 모른다.

다 된 죽에 코 빠뜨린다.

거의 다 이루어진 일이 한순간의 실수로 실패로 돌아갈 때 쓰는 속담이에요.
정성껏 끓여 맛만 보면 되는 죽에 콧물을 떨어뜨려 망칠 때처럼 말이에요.

비슷한 속담

다 된 죽에 코 빠졌다.
죽 쑤어 개준다.

 속담을 바르게 따라 써 보세요.

다	된	죽에	코	빠	뜨	린
다 .						
다	된	죽에	코	빠	뜨	린
다 .						

어휘 채우기 다 된 죽에 ☐ 빠뜨린다.

다 된 죽에 코 빠뜨린다.

돌다리도 두들겨 보고 건너라.

잘 아는 일이라도 한 번 더 알아보고 조심하라는 의미에요.
튼튼하고 안전한 돌다리도 두들겨 보고 건널 정도로 말이에요.

비슷한 속담

아는 길도 물어 가랬다.
식은 죽도·불어 가며 먹어라.

속담을 바르게 따라 써 보세요.

돌	다	리	도		두	들	겨		보	고	
건	너	라	.								
돌	다	리	도		두	들	겨		보	고	
건	너	라	.								

어휘 채우기

도 두들겨 보고 건너라.

돌다리도 두들겨 보고 건너라.

69 ★

등잔 밑이 어둡다.

가까이 있는 것을 오히려 알아내기 힘들다는 뜻이에요.
다른 사람의 일은 알기 쉽지만 내 일은 스스로 알기 어렵다는 뜻도 있어요.

어휘 꾸러미

등잔: 기름을 연료로 하여 불을 켤 수 있도록 만든 그릇이에요.

 속담을 바르게 따라 써 보세요.

등	잔		밑	이		어	둡	다	.	
등	잔		밑	이		어	둡	다	.	

어휘 채우기) 등잔 밑이 ⬜⬜⬜ .

등잔 밑이 어둡다.

70

뛰는 놈 위에 나는 놈 있다.

아무리 재주가 뛰어나더라도 겸손해야 한다는 뜻이에요.
아무리 달리기가 빠르다고 해도 말만 못하고,
말은 하늘을 나는 독수리보다 못한 것처럼 뛰어난 인재는 많으니 겸손해야 해요.

💬 속담을 바르게 따라 써 보세요.

뛰	는		놈		위	에		나	는		놈	✓
있	다	.										
뛰	는		놈		위	에		나	는		놈	✓
있	다	.										

 (어휘 채우기) 뛰는 놈 위에 [ ][ ] 놈 있다.

뛰는 놈 위에 나는 놈 있다.

말이 씨가 된다.

늘 말하던 것이 사실이 되었을 때 쓰여요. 말하는 대로 이루어진다는 뜻도 있어요.
긍정적인 말을 하는 사람에겐 정말 좋은 일만 생긴답니다.

속담을 바르게 따라 써 보세요.

말	이		씨	가		된	다	.			
말	이		씨	가		된	다	.			

 어휘 채우기 ☐ 이 씨가 된다.

말이 씨가 된다.

발 없는 말이 천 리 간다.

한 번 내뱉은 말은 빠르게 퍼져나가니 조심해야 한다는 뜻이에요.
'천 리'는 약 400km 정도의 아주 먼 거리에요. 이 거리를 발도 날개도 없는 '말'이
간다고 하면 말이 얼마나 빠르게 퍼지는지 알겠지요?

비슷한 속담　낮말은 새가 듣고 밤말은 쥐가 듣는다.

 속담을 바르게 따라 써 보세요.

발		없는		말이		천		리	
간	다	.							
발		없	는	말	이	천		리	
간	다	.							

어휘 채우기　발 없는 □이 천 리 간다.

발 없는 말이 천 리 간다.

배보다 배꼽이 더 크다.

주된 것보다 딸린 것이 더 크거나 많을 때 쓰는 속담이에요.
빵 속에 든 스티커를 모으기 위해 다 먹지도 못할 양의 빵을 사는 것이 그 예랍니다.

 비슷한 속담   발보다 발가락이 더 크다.

 속담을 바르게 따라 써 보세요.

배	보	다		배	꼽	이		더		크	다	.
배	보	다		배	꼽	이		더		크	다	.

어휘 채우기   배보다 배꼽이 더 ☐☐.

배보다 배꼽이 더 크다.

빈 수레가 요란하다.

짐이 많아 무거운 수레는 움직일 때 소리가 크지 않지만 짐이 없는 수레는 덜컹덜컹 큰 소리를 내지요. 마찬가지로 지식이 많은 사람보다 제대로 알지 못하고 실속 없는 사람이 더 떠들어댄다는 뜻이에요.

비슷한 속담 속이 빈 깡통이 소리만 요란하다.

 속담을 바르게 따라 써 보세요.

빈	수	레	가		요	란	하	다	.	
빈	수	레	가		요	란	하	다	.	

어휘 채우기 빈 수레가 ☐☐☐☐☐ .

빈 수레가 요란하다.

75 # 빈대 잡으려다 초가삼간 다 태운다.

집안에 빈대가 들어와 가렵다고 집을 홀랑 태워버리는 것은 어리석은 짓이지요.
자신에게 손해 입히는 것을 없애려고 더 큰 손해를 입는다는 뜻이에요.

같은 속담   빈대 미워 집에 불 놓는다.

 속담을 바르게 따라 써 보세요.

빈	대		잡	으	려	다		초	가	삼	간	✓
다		태	운	다	.							
빈	대		잡	으	려	다		초	가	삼	간	✓
다		태	운	다	.							

어휘 채우기

잡으려다 초가삼간 다 태운다.

빈대 잡으려다 초가삼간 다 태운다.

사공이 많으면 배가 산으로 간다.

여러 사람이 자기주장만 내세우면 일이 제대로 되기 어렵다는 뜻이에요.
배는 한 척인데 사공이 여러 명이면 다들 여기 가겠다, 저기 가겠다 주장하는 통에
방향을 제대로 잡지 못하고 엉뚱한 곳에 도착할 거예요.

비슷한 속담 상좌가 많으면 가마솥을 깨뜨린다.

 속담을 바르게 따라 써 보세요.

사	공	이		많	으	면		배	가		산
으	로		간	다	.						
사	공	이		많	으	면		배	가		산
으	로		간	다	.						

어휘 채우기 ☐☐ 이 많으면 배가 산으로 간다.

사공이 많으면 배가 산으로 간다.

77 아니 땐 굴뚝에 연기 날까.

원인이 없으면 결과가 있을 수 없다는 뜻이에요.
어떤 소문이 나는 것도 소문이 날 만한 마땅한 이유가 있기 때문이라는 것이지요.

비슷한 속담

아니 때린 장구 북소리 날까.
뿌리 없는 나무에 잎이 필까.

속담을 바르게 따라 써 보세요.

아	니		땐		굴	뚝	에		연	기
날	까	.								
아	니		땐		굴	뚝	에		연	기
날	까	.								

 어휘 채우기   아니 땐 ☐☐ 에 연기 날까.

아니 땐 굴뚝에 연기 날까.

78

어물전 망신은 꼴뚜기가 시킨다.

못난 사람일수록 함께 있는 동료나 친구를 망신시킨다는 말이에요.
시장의 생선가게를 '어물전'이라고 하는데 그 많은 생선 중 못생기고 작은 꼴뚜기 때문
에 다른 생선들까지 함께 못나 보이는 것에 비유한 속담이랍니다.

비슷한 속담
미꾸라지 한 마리가 온 웅덩이를 흐려 놓는다.
과일 망신은 모과가 시킨다.

속담을 바르게 따라 써 보세요.

어	물	전		망	신	은		꼴	뚜	기	가	✓
시	킨	다	.									
어	물	전		망	신	은		꼴	뚜	기	가	✓
시	킨	다	.									

어휘 채우기) 어물전 망신은 [　　　] 가 시킨다.

어물전 망신은 꼴뚜기가 시킨다.

우물 안 개구리.

세상 물정을 모르거나, 저만 잘나고 옳은 줄 아는 사람을 비유한 속담이에요.
'우물'이란 땅을 파서 물을 고이게 한 곳으로 옛날에 사람들이 물을 구하는 곳이었어요.
깊은 우물 안에서 자란 개구리가 좁은 우물과 동그란 하늘을 세상 전부라고 믿고
저가 세상에서 제일 잘난 양 살아가는 모습을 비유한 속담이랍니다.

비슷한 속담　대롱으로 하늘 보기.
　　　　　　　장님 코끼리 만지는 격.

 속담을 바르게 따라 써 보세요.

우	물		안		개	구	리	.			
우	물		안		개	구	리	.			

어휘 채우기　| | | 안 개구리.

우물 안 개구리.

천 리 길도 한 걸음부터.

무슨 일이든지 첫 시작이 중요하다는 말이에요.
세계적인 피겨 스케이팅 선수인 김연아 선수도 수천 번을 연습했다고 해요. 처음부터 차근차근 연습하고 노력하다 보면 언젠가 정상에 서게 될 날이 오게 될 거에요.

 속담을 바르게 따라 써 보세요.

천		리	길	도		한		걸	음	부
터	.									
천		리	길	도		한		걸	음	부
터	.									

어휘 채우기 천 리 길도 [ ] [ ] 부터.

천 리 길도 한 걸음부터.

★ 네모 안에 들어갈 낱말을 맞춰 보세요.

1. ○ ㅁ ㅈ 망신은 꼴뚜기가 시킨다.

2. 개구리 ○ ㅊ ○ 적 생각 못한다.

3. 구슬이 서 말이라도 꿰어야 ㅂ ㅂ .

4. ㄷ ㅈ 밑이 어둡다.

5. 빈대 잡으려다 ㅊ ㄱ ㅅ ㄱ 다 태운다.

6. 배보다 ㅂ ㄲ 이 더 크다.

7. 사공이 많으면 배가 ㅅ 으로 간다.

8. ○ ㅁ 안 개구리.

★ 비슷한 속담을 찾아 사다리를 타 보세요.

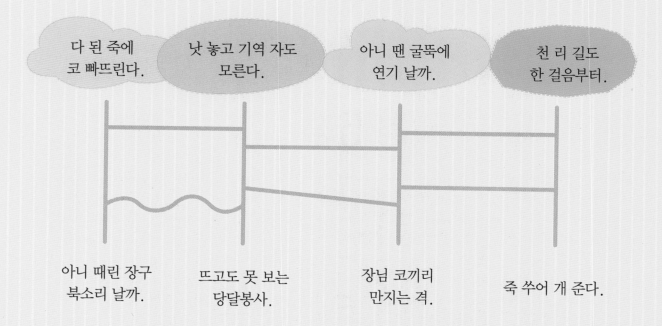

다 된 죽에
코 빠뜨린다.

낫 놓고 기역 자도
모른다.

아니 땐 굴뚝에
연기 날까.

천 리 길도
한 걸음부터.

아니 때린 장구
북소리 날까.

뜨고도 못 보는
당달봉사.

장님 코끼리
만지는 격.

죽 쑤어 개 준다.

★ 속담의 뜻을 찾아 연결해 보세요.

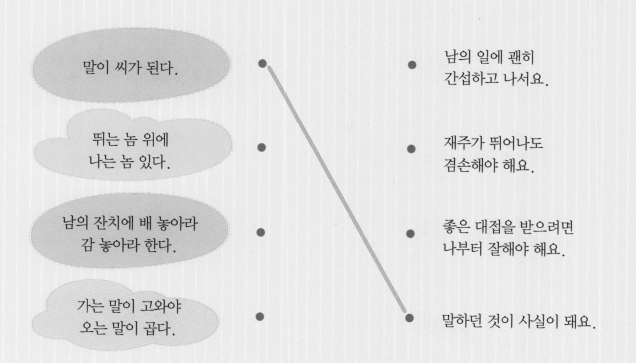

말이 씨가 된다.

뛰는 놈 위에
나는 놈 있다.

남의 잔치에 배 놓아라
감 놓아라 한다.

가는 말이 고와야
오는 말이 곱다.

남의 일에 괜히
간섭하고 나서요.

재주가 뛰어나도
겸손해야 해요.

좋은 대접을 받으려면
나부터 잘해야 해요.

말하던 것이 사실이 돼요.

5장

극복하는 아이로 거듭나게 해주는 속담

5장에서는 어려움을 겪을 때, 그리고 어려움을 이겨낼 때 쓸 수 있는 속담을 다루고 있어요. 가는 날이 장날일 수도 있고 믿는 도끼에 발등을 찍히는 어려움을 당할 수도 있지만, 이 모든 일이 언제까지나 계속되지는 않는답니다. 마음을 다잡고 앞으로 전진해보세요. 쥐구멍에도 볕 들 날이 올 테니까요.

그날그날 배운 속담을
체크하면서 학습 진도를
한눈에 알아볼 수 있어요!

체크 리스트

81

가는 날이 장날.

어떤 일을 하려고 할 때, 생각지 못한 일을 겪게 되어 곤란한 상황을 뜻해요.
은행에 갔는데 평소보다 사람이 많으면 시간이 오래 걸려서 힘든 것처럼 말이에요.

어휘 꾸러미

장날: 3일이나 5일에 한 번 약속한 날에 모여 시장을 열어 물건을 사고파는 날을 '장날'이라고 해요.

 속담을 바르게 따라 써 보세요.

가	는		날	이		장	날	.	
가	는		날	이		장	날	.	

어휘 채우기 가는 날이 ____.

가는 날이 장날.

가랑비에 옷 젖는 줄 모른다.

사소한 일이라도 반복되면 큰일이 되어 곤란해질 수 있다는 말이에요.
가늘게 내리는 비를 대수롭지 않게 여겨 우산도 쓰지 않고 놀다 보면
어느새 옷이 흠뻑 젖어버릴 수 있답니다.

비슷한 속담   신선놀음에 도낏자루 썩는 줄 모른다.

어휘 꾸러미

가랑비: 가늘게 꾸준히 내리는 비를 뜻해요. 이슬비보다는 조금 더 굵지요.

 속담을 바르게 따라 써 보세요.

가	랑	비	에		옷		젖	는		줄	
모	른	다	.								
가	랑	비	에		옷		젖	는		줄	
모	른	다	.								

어휘 채우기   ☐☐☐ 에 옷 젖는 줄 모른다.

가랑비에 옷 젖는 줄 모른다.

109

고슴도치도 제 새끼는 함함하다고 한다.

부모님에게는 자식이 한없이 귀하고 잘나 보인다는 말이에요.
털이 바늘같이 꼿꼿한 고슴도치도 자기 새끼는 부드럽고 윤기가 흐른다고 생각한대요.

어휘 꾸러미

함함하다: 모습이 탐스럽거나 털이 보드랍고 반지르르하다는 뜻이에요.

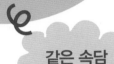 같은 속담   고슴도치도 제 새끼만은 곱다고 쓰다듬는다.

 속담을 바르게 따라 써 보세요.

고	슴	도	치	도		제		새	끼	는
함	함	하	다	고		한	다	.		
고	슴	도	치	도		제		새	끼	는
함	함	하	다	고		한	다	.		

 어휘 채우기   고슴도치도 제 새끼는 〔 | 〕 하다고 한다.

고슴도치도 제 새끼는 함함하다고 한다.

까마귀 날자 배 떨어진다.

아무 상관 없이 한 일이 다른 일과 우연히 시기가 겹쳐 마치 내가 저지른 것처럼 의심을 받게 되는 상황을 뜻하는 속담이에요. 친구의 물건을 빌려 쓰려는데 갑자기 망가져서 내가 한 것처럼 오해를 받을 때처럼 말이지요.

비슷한 속담   오얏나무 아래서는 갓끈을 고쳐 매지 마라.

 속담을 바르게 따라 써 보세요.

까	마	귀		날	자		배		떨	어	진
다	.										
까	마	귀		날	자		배		떨	어	진
다	.										

(**어휘 채우기**)   까마귀 날자 ☐ 떨어진다.

까마귀 날자 배 떨어진다.

달면 삼키고 쓰면 뱉는다.

자기 마음에 드는 것만 가까이하고 싫은 것은 쳐다보지도 않는 모습을 말해요.
과자만 먹느라 밥을 먹지 않거나 입에 발린 칭찬만 듣느라 충고는 무시하는 것처럼요.

 속담을 바르게 따라 써 보세요.

달	면		삼	키	고		쓰	면		뱉	는
다	.										
달	면		삼	키	고		쓰	면		뱉	는
다	.										

어휘 채우기 달면 삼키고 쓰면 [　　|　　|　　].

달면 삼키고 쓰면 뱉는다.

- -

- -

닭 쫓던 개 지붕 쳐다보듯.

열심히 하던 일이 실패하거나 다른 사람보다 뒤쳐져 바라볼 수 밖에 없을 때 쓰는 말이에요. 마당에서 개가 열심히 닭을 쫓더라도 닭이 지붕 위로 쑥 올라가 버리면 아무것도 못하고 쳐다볼 수밖에 없는 상황에 비유했어요.

 비슷한 속담   다 된 죽에 코 빠뜨린다.

💬 속담을 바르게 따라 써 보세요.

닭	쫓던	개	지붕	쳐다
보듯	.			
닭	쫓던	개	지붕	쳐다
보듯	.			

📖 어휘 채우기   ☐ 쫓던 개 지붕 쳐다보듯.

닭 쫓던 개 지붕 쳐다보듯.

87 목구멍이 포도청.

먹고 사는 일이 힘들고 어렵다는 뜻이에요.
먹고살기 위해 해서는 안 될 짓까지 하므로 매번 포도청을 드나드는 것과
다를 바 없다는 의미지요.

같은 속담　입이 포도청.

어휘 꾸러미

포도청: 조선 시대의 경찰
서예요. 죄인을 체포하거나
순찰을 하는 일을 했지요.

속담을 바르게 따라 써 보세요.

목	구	멍	이		포	도	청	.	
목	구	멍	이		포	도	청	.	

 어휘 채우기　목구멍이 ⬚⬚⬚ .

목구멍이 포도청.

믿는 도끼에 발등 찍힌다.

철석같이 믿는 사람에게 배신을 당했을 때 쓰는 말이에요,
꼭 이루어질 거라고 믿어 의심치 않았던 일이 실패했을 때에도 쓰여요.

 비슷한 속담

믿었던 돌에 발부리 채었다.
제가 기른 개에게 발꿈치 물린다.

어휘 꾸러미

도끼: 나무를 찍고 쪼갤
때 쓰는 연장이에요.

💬 속담을 바르게 따라 써 보세요.

믿	는		도	끼	에		발	등		찍	힌
다	.										
믿	는		도	끼	에		발	등		찍	힌
다	.										

 어휘 채우기

도끼에 발등 찍힌다.

믿는 도끼에 발등 찍힌다.

바늘로 찔러도 피 한 방울 안 난다.

매우 단단하고 야무진 사람을 묘사할 때 쓰는 말이에요.
부정적으로 빈틈이 없고 융통성이 없거나 지독한 구두쇠로 묘사할 때도 쓰여요.

비슷한 속담   앉은 자리에 풀도 안 나겠다.

 속담을 바르게 따라 써 보세요.

바	늘	로		찔	러	도		피		한	
방	울		안		난	다	.				
바	늘	로		찔	러	도		피		한	
방	울		안		난	다	.				

어휘 채우기   □□ 로 찔러도 피 한 방울 안 난다.

바늘로 찔러도 피 한 방울 안 난다.

보고 못 먹는 것은 그림의 떡.

아무런 실속이 없는 것을 뜻하는 속담이에요.
그림 속의 떡이 제아무리 맛있게 보여도 먹을 수 없다면 전혀 쓸모가 없답니다.

속담을 바르게 따라 써 보세요.

보	고		못		먹	는		것	은		그
림	의		떡	.							
보	고		못		먹	는		것	은		그
림	의		떡	.							

 어휘 채우기   보고 못 먹는 것은 그림의 ☐ .

보고 못 먹는 것은 그림의 떡.

91

빛 좋은 개살구.

살구와 비슷하게 생겼지만 먹어보면 시고 떫은 가짜 살구를 개살구라고 해요.
겉만 그럴듯하고 실속이 없는 경우를 뜻하는 속담이에요.

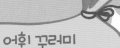
 속담을 바르게 따라 써 보세요.

빛		좋	은		개	살	구	.
빛		좋	은		개	살	구	.

어휘 채우기   빛 좋은 ☐☐☐.

빛 좋은 개살구.

92

세 살 버릇이 여든까지 간다.

어린 시절 몸에 밴 버릇은 평생 고치기 힘들다는 뜻이에요.
손톱 물어뜯기, 다리 떨기, 편식하기 등 안 좋은 버릇이 있다면 빨리 고쳐야 해요.

비슷한 속담   제 버릇 개 줄까.

속담을 바르게 따라 써 보세요.

세	살	버릇이	여든까지	✓
간다.				
세	살	버릇이	여든까지	✓
간다.				

 어휘 채우기 세 살 □□ 이 여든까지 간다.

세 살 버릇이 여든까지 간다.

93

쇠귀에 경 읽기.

아무리 좋은 것을 가르치고 일러 주어도 알아듣지 못할 때 쓰는 말이에요.
유익한 충고를 해줘도 전혀 관심을 가지지 않고 귓등으로 흘려버릴 때도 쓰인답니다.

어휘 꾸러미

경: 불교의 가르침을 모아 둔 책이에요. 불경이라고 도 불러요.

 속담을 바르게 따라 써 보세요.

쇠	귀	에		경		읽	기	.	
쇠	귀	에		경		읽	기	.	

어휘 채우기 쇠귀에 [ ] 읽기.

쇠귀에 경 읽기.

앓던 이 빠진 것 같다.

걱정거리가 없어져 후련하다는 뜻이에요.
썩은 이가 아픈데 아무리 치료를 해도 안 된다면 빼는 방법밖에 없지요?
오랫동안 아팠던 이를 빼서 후련할 때에 비유한 속담이에요.

💬 속담을 바르게 따라 써 보세요.

앓	던	이	빠	진	것	같	다 |.
앓	던	이	빠	진	것	같	다 |.

 어휘 채우기

이 빠진 것 같다.

앓던 이 빠진 것 같다.

원님 덕에 나발 분다.

다른 사람 덕분에 분에 넘치는 대접을 받는다는 뜻이에요.
'원님'은 옛날 각 고을을 다스리던 사람으로 사또라고도 불렀어요. 원님이 새로 오면
나발을 불어 고을에 알렸어요. 평소에 불지 못하는 나발을 불고 원님과 함께 대접받
는 것을 비유해 만들어진 속담이랍니다.

어휘 꾸러미

나발: 나무나 쇠붙이로 만
들어진 긴 대롱 모양의 관악
기에요. 나팔과 비슷해요.

속담을 바르게 따라 써 보세요.

원	님		덕	에		나	발		분	다	.
원	님		덕	에		나	발		분	다	.

 어휘 채우기   원님 덕에 [   ] 분다.

원님 덕에 나발 분다.

원숭이도 나무에서 떨어진다.

아무리 어떤 일에 익숙하고 잘하는 사람이라도 실수할 때가 있다는 뜻이에요.
나무 타기의 달인인 원숭이도 가끔은 실수로 떨어질 때가 있어요.
실수는 누구나 하기 마련이니까 포기하지 말고 꿋꿋이 다시 도전하면 돼요.

비슷한 속담   나무 잘 타는 잔나비 나무에서 떨어진다.
닭도 홰에서 떨어지는 날이 있다.

 속담을 바르게 따라 써 보세요.

원	숭	이	도		나	무	에	서		떨	어
진	다	.									
원	숭	이	도		나	무	에	서		떨	어
진	다	.									

어휘 채우기   원숭이도 [ ][ ]에서 떨어진다.

원숭이도 나무에서 떨어진다.

작은 고추가 맵다.

겉보기에 작은 사람이 오히려 큰 사람보다 재주가 좋고 야무질 때 쓰는 말이에요. 작은 친구가 큰 친구를 팔씨름으로 이기고, 평소 헐렁해 보이던 친구가 시험을 잘 보기도 해요. 겉모습으로 사람을 쉽게 판단하면 안 된답니다.

 비슷한 속담　작아도 후추알(고추알).
작은 탕관이 이내 뜨거워진다.

 속담을 바르게 따라 써 보세요.

작	은		고	추	가		맵	다	.		
작	은		고	추	가		맵	다	.		

 **어휘 채우기**　작은 고추가 ⬚⬚ .

작은 고추가 맵다.

124

쥐구멍에도 볕 들 날 있다.

아무리 어렵고 고생스럽더라도 언젠가는 좋은 날이 온다는 말이에요.
'쥐구멍'은 쥐들이 드나들 수 있는 작은 구멍으로 햇볕이 들기 어려웠어요. 힘든 날을 어둡고 좁은 쥐구멍에, 좋은 날은 볕이 드는 것에 빗대어 만들어진 속담이에요.

비슷한 속담
음지가 양지 되고 양지가 음지 된다.
개똥밭에 이슬 내릴 때가 있다.

속담을 바르게 따라 써 보세요.

쥐	구	멍	에	도		볕		들		날
있	다	.								
쥐	구	멍	에	도		볕		들		날
있	다	.								

 어휘 채우기 쥐구멍에도 □ 들 날 있다.

쥐구멍에도 볕 들 날 있다.

짚신도 제짝이 있다.

보잘것없는 사람도 제짝이 있다는 말이에요.
하지만 자신을 보잘것없는 사람으로 여기지는 마세요.
오늘보다 내일 더욱더 멋진 사람이 되어야 내 짝에게 멋진 짝이 되어줄 테니까요.

비슷한 속담   헌 고리도 짝이 있다.

어휘 꾸러미

짚신: 볏짚으로 만든 신발이에요. 만드는 것이 어렵지 않고 저렴해서 옛날 사람들이 많이 신었어요.

 속담을 바르게 따라 써 보세요.

짚	신	도		제	짝	이		있	다	.
짚	신	도		제	짝	이		있	다	.

어휘 채우기   □□ 도 제짝이 있다.

짚신도 제짝이 있다.

티끌 모아 태산.

이루어질 수 없는 것처럼 느껴지는 일도 열심히 노력하면 이루어진다는 '티끌'은 아주 작은 부스러기나 먼지를 뜻해요. '태산'은 아주 높고 큰 산을 뜻하지요. 티끌처럼 아주 작은 것도 수없이 쌓이면 큰 산이 되듯 친구들의 바람도 노력한다면 이루어질 거예요.

비슷한 속담   낙숫물이 댓돌을 뚫는다.

 속담을 바르게 따라 써 보세요.

티	끌		모	아		태	산	.		
티	끌		모	아		태	산	.		

어휘 채우기 | | | 모아 태산.

티끌 모아 태산.

★ 네모 안에 들어갈 낱말을 맞춰 보세요.

1. [ㅈ ㄱ ㅁ] 에도 볕 들 날 있다.

2. 빛 좋은 [ㄱ ㅅ ㄱ].

3. 믿는 [ㄷ ㄲ] 에 발등 찍힌다.

4. 고슴도치도 제 새끼는 [ㅎ ㅎ] 하다고 한다.

5. [ㄱ ㄹ ㅂ] 에 옷 젖는 줄 모른다.

6. 원님 덕에 [ㄴ ㅂ] 분다.

7. 티끌 모아 [ㅌ ㅅ].

8. [ㅇ ㅅ ㅇ] 도 나무에서 떨어진다.

★ 비슷한 속담을 찾아 사다리를 타 보세요.

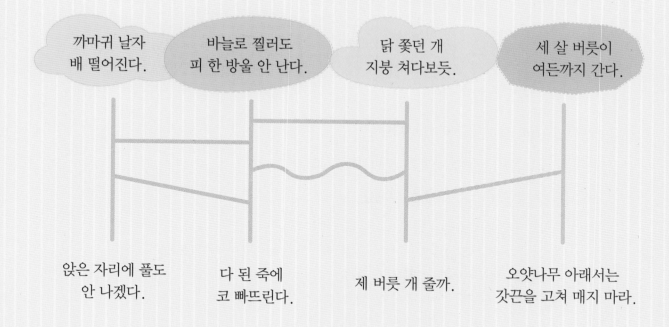

까마귀 날자
배 떨어진다.

바늘로 찔러도
피 한 방울 안 난다.

닭 쫓던 개
지붕 쳐다보듯.

세 살 버릇이
여든까지 간다.

앉은 자리에 풀도
안 나겠다.

다 된 죽에
코 빠뜨린다.

제 버릇 개 줄까.

오얏나무 아래서는
갓끈을 고쳐 매지 마라.

★ 속담의 뜻을 찾아 연결해 보세요.

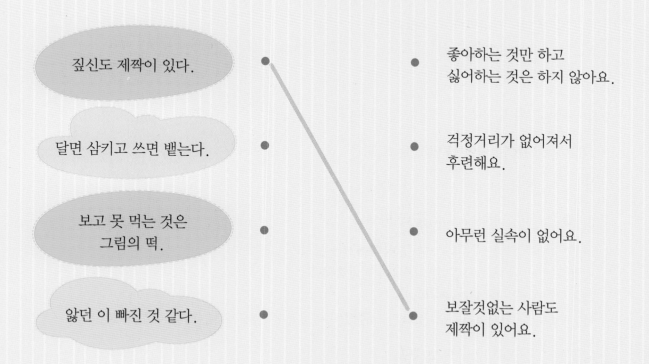

짚신도 제짝이 있다.

달면 삼키고 쓰면 뱉는다.

보고 못 먹는 것은
그림의 떡.

앓던 이 빠진 것 같다.

좋아하는 것만 하고
싫어하는 것은 하지 않아요.

걱정거리가 없어져서
후련해요.

아무런 실속이 없어요.

보잘것없는 사람도
제짝이 있어요.

정답지

1장 | 속담 퀴즈 • 32

★ 네모 안에 들어갈 낱말을 맞춰 보세요.

· 개똥, 벼룩, 호랑이, 마파람, 방귀, 외나무다리, 고양이, 새우

★ 비슷한 속담을 찾아 사다리를 타 보세요.

· 가재는 게 편 → **검둥개는 돼지 편**
· 자라 보고 놀란 가슴 솥뚜껑 보고 놀란다 → **불에 놀란 놈이 부지깽이만 보아도 놀란다**
· 바늘 가는 데 실 간다 → **구름 갈 제 비가 간다**
· 황소 뒷걸음치다가 쥐 잡는다 → **봉사 문고리 잡기**

★ 속담의 뜻을 찾아 연결해 보세요.

· 황소 뒷걸음치다가 쥐 잡는다 → **어리석은 사람이 뜻밖의 좋은 성과를 이뤘어요.**
· 마른하늘에 날벼락 → **생각지도 못한 어려움을 겪어요**
· 칼로 물 베기 → **열심히 해도 소용없어요**
· 낮말은 새가 듣고 밤말은 쥐가 듣는다 → **아무도 듣지 않는 곳이라도 말조심해야 해요.**

2장 | 속담 퀴즈 • 32

★ 네모 안에 들어갈 낱말을 맞춰 보세요.

· 탑, 정승, 꿈틀, 굼벵이, 떡잎, 구멍, 용, 떡

★ 비슷한 속담을 찾아 사다리를 타 보세요.

· 미운 아이 떡 하나 더 준다 → **미운 사람에게는 쫓아가 인사한다**
· 보기 좋은 떡이 먹기도 좋다 → **이왕이면 다홍치마**
· 식은 죽 먹기 → **땅 짚고 헤엄치기**
· 열 번 찍어 안 넘어가는 나무 없다 → **낙숫물이 댓돌을 뚫는다**

★ 속담의 뜻을 찾아 연결해 보세요.

· 공든 탑이 무너지랴 → **공들여 열심히 한 일은 절대 헛되지 않아요**

· 벼 이삭은 익을수록 고개를 숙인다 → **훌륭한 사람일수록 겸손해요**

· 서당 개 삼 년이면 풍월을 읊는다 → **무식한 사람도 유식한 사람과 함께 지내면 유식해져요**

· 백지장도 맞들면 낫다 → **함께 하면 훨씬 쉬워요**

3장 | 속담 퀴즈 · 80

★ 네모 안에 들어갈 낱말을 맞춰 보세요.

· 부채질, 외양간, 하룻강아지, 방앗간, 소도둑, 생선, 망둥이, 도둑

★ 비슷한 속담을 찾아 사다리를 타 보세요.

· 목마른 놈이 우물 판다 → **답답한 놈이 송사한다**

· 콩 심은 데 콩 나고 팥 심은 데 팥 난다 → **오이 덩굴에 오이 열리고 가지 나무에 가지 열린다**

· 숭어가 뛰니까 망둥이도 뛴다 → **뱁새가 황새를 따라가면 가랑이 찢어진다**

· 꿩 먹고 알 먹기 → **도랑 치고 가재 잡기**

★ 속담의 뜻을 찾아 연결해 보세요.

· 제 꾀에 제가 넘어간다 → **남을 속이려다 도리어 자기가 속아 넘어가요**

· 병 주고 약 준다 → **화가 난 사람을 더욱더 화나게 만들어요**

· 겉 다르고 속 다르다 → **겉으로 드러내는 행동과 마음속 생각이 달라요**

· 평안 감사도 저 싫으면 그만이다 → **아무리 좋은 일이라도 억지로 시킬 수 없어요**

4장 | 속담 퀴즈 · 104

★ 네모 안에 들어갈 낱말을 맞춰 보세요.

· 어물전, 올챙이, 보배, 등잔, 초가삼간, 배꼽, 산, 우물

★ 비슷한 속담을 찾아 사다리를 타 보세요.

· 다 된 죽에 코 빠뜨린다 → **죽 쑤어 개 준다**

· 낫 놓고 기역 자도 모른다 → **뜨고도 못 보는 당달봉사**

정답지

· 아니 땐 굴뚝에 연기 날까 → **아니 때린 장구 북소리 날까**
· 우물 안 개구리 → **장님 코끼리 만지는 격**

★ 속담의 뜻을 찾아 연결해 보세요.

· 말이 씨가 된다 → **말하던 것이 사실이 돼요**
· 뛰는 놈 위에 나는 놈 있다 → **재주가 뛰어나도 겸손해야 해요**
· 남의 잔치에 배 놓아라 감 놓아라 한다 → **남의 일에 괜히 간섭하고 나서요**
· 가는 말이 고와야 오는 말이 곱다 → **좋은 대접을 받으려면 나부터 잘해야 해요**

5장 │ 속담 퀴즈 • 128

★ 네모 안에 들어갈 낱말을 맞춰 보세요.

· 쥐구멍, 개살구, 도끼, 함함, 가랑비, 나발, 태산, 원숭이

★ 비슷한 속담을 찾아 사다리를 타 보세요.

· 까마귀 날자 배 떨어진다 → **오얏나무 아래서는 갓끈을 고쳐매지 마라**
· 바늘로 찔러도 피 한 방울 안 난다 → **앉은 자리에 풀도 안 나겠다**
· 닭 쫓던 개 지붕 쳐다보듯 → **다 된 죽에 코 빠뜨린다**
· 세 살 버릇이 여든까지 간다 → **제 버릇 개 줄까**

★ 속담의 뜻을 찾아 연결해 보세요.

· 짚신도 제짝이 있다 → **보잘것없는 사람도 제짝이 있어요**
· 달면 삼키고 쓰면 뱉는다 → **좋아하는 것만 하고 싫어하는 것은 하지 않아요**
· 보고 못 먹는 것은 그림의 떡 → **아무런 실속이 없어요**
· 앓던 이 빠진 것 같다 → **걱정거리가 없어져서 후련해요.**